# 교육의 이해

강선보 · 신창호 공저

동문사

# 머리말

수십 년을 교육학계에 종사해 왔지만, 교육은 정말 복잡하다. 한마디로 정의하기가 쉽지 않다. 그것은 아마도 교육이 인간의 삶에 직접적으로 녹아 있어, 객관사물처럼 끄집어내기 힘들기 때문이리라. 그래도 교육에 대한 담론은 사회 곳곳에서 회자回刺된다. 때로는 계급계층의 이익을 대변하기도 하고, 때로는 방법적 문제로 논란을 빚기도 하며, 때로는 정책적 시비로 시끄럽기도 하는 등 각양각색의 목소리들이 울려 퍼진다. 이런 시대에 교육은 '누가, 언제, 어디서, 왜, 무엇을, 어떻게'라는 육하원칙六何原則에 어떤 대답을 할 수 있을까?

어떤 사람들은 21세기를 '교육'과 '경제'의 시대라고도 말한다. 단순하게 생각하더라도, 경제의 시대라는 말은 생계와 직결되는 문제이므로 어느 정도 수긍이 간다. 그런데 교육의 시대라는 말은 무슨 의미일까? 그것은 시대상황의 변화와도 무관하지 않다. 현대사회를 특징짓는 용어는 다양하다. '우주첨단과학시대', '지식정보화사회', '글로벌시대', '무한경쟁사회' 등등. 여기에서 '과학'이니, '지식정보'니, '글로벌'이니, '경쟁'이니 하는 용어들은 교육에 스며 있는 핵심개념들이다. 따라서 교육은 시대정신을 구현할 가장 중요한 문제로 부각된다.

대부분의 사회조직과 기업은 창의력과 경쟁력을 갖춘 인재를 요청하고, 교육계는 개혁과 패러다임 전환에 몸부림친다. 이런 시대일수록 교육에 대한 기본적 인식이 중요하다. 그리고 시대 상황에 적합한 적용과 새로운 교육관의 창출이 필요하다고 생각한다.

교육을 이해하기 위해서는 먼저, 교육이 무엇이고, 그것이 인간에게 중요한 이유를 인식해야 한다. 왜냐하면 교육 자체에 대한 이해와 개념의 정립 없이 교육의 목적과 내용, 방법을 완벽하게 습득할 수는 없기 때문이다. 따라서 교육의 어원적 의미와 인간이 교육하는 이유, 교육의 기본요소, 교육의 공간과 시간, 교육작용의 본질 등을 개괄적으로 인식하는 것은 교육과 교육학을 이해하는 기초작업이다.

기존에 출판되어 있는 〈교육학 개론〉은 - 몇 종을 제외하고 - 대부분의 경우, 교육학의 여러 분야(교육철학 및 교육사, 교육심리학, 교육사회학, 교육행정학, 교육공학, 평생교육 등)를 망라하여 조금씩 소개하고 있다. 이런 안내는 교육과 교육학에 대한 입문서로, 교육의 전체 면모를 알려준다는 측면에서는 긍정적이다. 그러나 교육에 관한 여러 개념을 처음 접하는 독자들에게는 낯설 수 있고, 대학에서 한 학기 동안 교육(학)의 기초를 가르친다고 할 때, 강의분량으로는 그 내용이 지나치게 많다. 또한 이후에 대학에서 배우는 교직과목과 중첩된다는 점에서 비생산적이다. 무엇보다도 그 범위의 방대함으로 인해, 학습자들이 교육 자체에 대한 기본적인 이해와 본질을 놓칠 우려가 있다. 이에 저자는 이 책에서, 여러 해 동안 〈교육학개론〉을 강의해 본 경험을 살려, 교육에 관한 기본내용을 간추려 제시해 보았다.

제1장 "교육의 개념"에서는 교육이라는 말이 어디에서 유래하였고 어떤 의미를 지니고 있는지 살펴보고, 그것을 바탕으로 교육이 정의되는 방식을 알아보았다.

제2장 "교육의 본질과 작용"에서는 인간에게 왜 교육이 필요한지 그 이유를 고찰하고, 교육의 이념과 목적, 교육작용의 본질을 검토하였다.

제3장 "교육의 공간과 시간"에서는 교육이 언제 어디에서 이루어지는지, 교육의 마당을 가정, 학교, 직장, 사회기관, 가상공간과 평생학습교육에 이르기까지 다양하게 제시하고, 그 의미 맥락을 고찰하였다.

제4장 "교육의 기본요소"에서는 교육에서 가장 중요한 세 가지 기본요소인 '교사-학생-교육내용'에 대해 설명하고, 바람직한 교사-학생관계, 교육내용은 어떠해야 하는지 살펴보았다.

제5장 "교육의 주요 역할로서 인재양성"에서는 교육의 핵심 문제인 "인재양성"에 대해 총괄적으로 정리하고, 인재양성의 차원에서 교육의 기본모형을 제시하였다.

제6장 "현대사회와 교육의 방향"에서는 현대사회의 특징과 교육패러다임의 변화, 지식기반정보화사회, 포스트모더니즘, 여성교육, 다문화, 생태주의 등 교육에서 고민해야 할 문제들을 간

략하게 짚어 보았다.

제7장 "교육학의 성립과 학문적 성격"에서는 교육이 어떻게 학문적으로 성립하는지 그 과정을 기술하고, 교육과 교육학의 핵심분야인 교육과정, 학습지도, 생활지도, 교육평가 등에 대해 간략하게 소개하였다.

아무쪼록 저자는 본서가 교육과 교육학에 입문하려는 독자들에게 조금이라도 도움이 되기를 바란다. 그리고 참고문헌에 제시하긴 했지만, 본서를 저술하는 데 기초자료가 된 여러 선학들과 교육학 연구자들의 성과에 고마움을 표한다. 특히 은사이신 김정환 선생의 여러 저서와 교육적 사고는 본서의 기본바탕이라고 해도 과언이 아니다. 그러나 내용 중 오류가 있다면, 전적으로 저자의 잘못이며 사계의 질정을 바란다.

끝으로 오랫동안 원고를 기다려 준 동문사 이중수 사장의 후의에 깊이 감사드린다. 또한 원고정리와 내용정돈 등 여러 가지 조언에 임해 준 강성훈 박사, 박사과정의 장지원 군, 석사과정의 이동윤 군을 비롯하여 고려대학교 교육사철학 제자들에게 감사의 마음을 전한다.

2009. 2

강선보 · 신창호

# 차 례

## Chapter 1 | 교육의 개념



## Chapter 2 | 교육의 본질과 작용

## Chapter 4 | 교육의 기본요소

## Chapter 5 | 교육의 주요 역할로서 인재양성



## Chapter 6 | 현대사회와 교육의 방향

## Chapter 7 | 교육학의 성립과 학문적 성격

## ＊그림 차례



## ＊표 차례



## ＊참고자료 차례

Chapter 1

# 교육의 개념

1. 개 요

2. '교육'에 담긴 뜻

3. 교육을 이해하는 다양한 관점

# SECTION 1 개 요

우리는 일상생활에서 '교육'이란 말을 수시로 사용한다. 사회 지도층 인사나 명망 있는 사람을 보고는 "교육 참 잘 받았네!", "학교 어디 나왔어?"라고 묻기도 하고, 사회적 비행을 저지른 사람에게는 "교육을 잘못 받아서 그래!", "학교생활 제대로 못 했지?", "그 사람의 교육환경이 나빠!" 등등 교육과 관련된 말을 하나씩 던진다. 이처럼 교육은 훌륭한 사람을 만드는 일련의 과정으로 이해된다. 교육을 잘 받은 경우에는 좋은 사람, 그렇지 않은 경우에는 그저 그런 사람이나 나쁜 사람으로 전락할 것이라는 암묵적 인식이 우리의 사고에 자리하고 있다. 정말 그럴까?

대부분의 가정에서 부모는 자녀의 교육을 농사에 비유하여 '자식농사'라고도 하고, 학교에서는 선생님들이 학생들을 가르치며, 기업에서는 기업의 발전을 위하여 회사 내에 각종 연수원이나 사내 대학을 설치하여 사원교육에 힘쓴다. 뿐만 아니라, 인터넷 상의 여러 가지 콘텐츠를 통해 교육을 경험하기도 한다.

이렇게 다양한 형태로 이루어지고 있는, '교육'이란 무엇일까? 인간은 반드시 교육을 해야만 하는 걸까? 교육을 하지 않으면 어떻게 될까? 이런 물음에 대해 한마디로 답하기는 매우 어렵다. 왜냐하면 교육은 시대상황이나 여건, 개인과 사회, 국가의 이념에 따라 달라지기 때문이다. 우리는 교육의 개념을 이해하기 위해 먼저 '교육敎育'이라는 말의 어원과 의미를 살펴보아야 한다. 아울러 교육과 비슷하게 쓰이거나 유사하게 혼용되는 다양한 용어와 개념 – 예들 들면, 교수, 학습, 훈육, 훈련, 교화 등 – 도 성찰할 필요가 있다.

그런데 교육의 어원과 유사개념을 살펴본다고 하여 간단하게 교육을 정의할 수 있는 것은 아니다. 다양한 방식을 동원하여 교육을 정의해 볼 때, 교육의 의미는 보다 분명하게 드러날 수 있다. 왜냐하면 어떤 개념에 관한 정의는 그 의미를 구체적으로 밝히는 데 기여하는 작업이기 때문이다.

정의는 어떤 사물을 하나의 명제로 형식화하여 논리적으로 표현하는 방식이다. 어떤 사물이나 개념을 하나의 문장으로 진술하여 정의하는 일이 만만한가? 사물에 대한 정의는 인간 사이에서 이루어지는 언어적 약속이기 때문에 사실의 진위를 따지기가 매우 힘들다. 하지만 우리는 정의를 통하여 사물을 이해한다. 그러므로 개념의 정의는 사물을 이해하는 기본방식으로 인정된다.

교육도 마찬가지다. 교육을 이해하기 위해서는 그것에 대한 정의가 필요하다. 다시 말하면, '교육은 ~이다'라는 언표가 요청된다. 그것이 교육의 모든 것을 알려주는 언표는 아닐지라도, 그 언표는 교육을 이해하는 중요한 방식이 된다. 이를 '교육에 관한 정의'라고 한다. 교육에 관한 정의는 여러 학자들에 의해서 이루어져 왔다. 문제는 강조점의 차이다. 여러 교육학자들의 다양한 관점은 크게 세 가지로 분류할 수 있다. '규범적 정의', '기능적 정의', '조작적 정의'가 그것이다.

이에 본 장에서는 교육의 개념을 어원이나 쓰임을 기준으로 그 근원을 살펴보고, 교육을 정의하는 다양한 방식, 교육사상가들의 견해를 간략하게 정리해 본다.

## SECTION 2 '교육'에 담긴 뜻

### 1) 교육敎育의 기원

중국을 비롯한 한국, 일본, 베트남 등 고대 동아시아 한자문화권은 한문漢文을 공통언어로 한다. 한자어인 교육敎育을 이해하기 위해서는 '교敎'와 '육育'이 어떻게 만들어졌는지 그 기원을 고찰할 필요가 있다(徐厚道, 2003: 3).

우리는 일반적으로 '교敎'자를 '가르칠 교'라고 알고 있다. 그런데 '가르치다'라고 하면, 교사가 학생에게 전문지식을 알려주는 행위 정도로 이해하기 쉽다. 문제는 '교敎'라는 글자에 그런 의미가 미약하다는 점이다. '교敎'자를 분석해 보면, 왼쪽은 윗부분이 효爻이고 아랫부분은 자子이며, 오른쪽은 복攴으로 이루어져 있다(신창호, 2005: 19-24).

교敎의 왼쪽 윗부분인 효[爻]는 본래 '사귀다'라는 말이다. 엑스[X]자 두 개가 위아래에 쓰여 있는 모양의 이 글자는 '사귐'이라는 의미로, 서로 다른 성질의 사물이 교차하고 있는 모습이다. 그것은 인간의 교제, 사물 간의 교차, 얽힘, 섞임 등 그물과 같은 하나의 관계망[網]을 보여준다. 이 세상의 사물은 단독으로 존재하기 어렵다. 서로 다른 것이 어우러져 세계의 존재상을 만들어낸다. 다시 말하면, '하늘 아래-땅 위'의 사이 세계에는 인간을 비롯한 우주의 모든 사물이 서로 의지하며 자신을 새롭게 드러낸다. 날실과 씨실이 가로-세로로 짜여나가는 직물짜기[textile]를 통해 하나의 천이 탄생하듯이, 세계는 텍스트[Text] 자체로 존재한다. 요컨대, 교敎의 왼쪽 윗부분인 효[爻]는 이미 사귀어 관계하고 있는 우주 사물의 상황을 상징하고 있다.

교敎의 왼쪽 아랫부분인 자[子]는 '어린이, 혹은 아기'를 나타낸다. 글자의 모양은 아기가 포대기 안에 싸여 있는 형상이다. 위의 둥글고 뭉툭한 부분은 머리를 본떴고 가운데의 십자가 모양이 위로 구부러진 것은 두 팔을 본떴다. 정상적인 아기나 유아는 팔을 아래로 내리기 어렵다. 그러므로 위로 올린 모양을 하고 있다. 아랫부분은 다리를 본떴는데, 다리가 하나로 보이는 것은 포대기에 싸여 있기 때문이다. 여기에서 아기는 생물학적으로 갓 태어난 어린이로 보는 것이 원칙이다. 그러나 무지몽매한 어리석은 사람으로 그 의미를 확장할 수 있다. 세종대왕이 창제한 우리글 '훈민정음訓民正音'에도 보이듯이, '어린 백성에게 이르고자'라고 할 때, '어린'은 단순히 어린이만을 지칭하는 것이 아니다. 어른일지라도 '어리석은 사람'은 어린이다.

이런 분석에 의거해 볼 때, 교敎의 왼쪽 부분인 효[爻]와 자[子]는 복잡하게 얽혀 있는 우주 세계를 어린이[어리석은 사람]가 접촉하는 모양이다. 즉 어린이가 이 세상에 태어나서 우주 사물의 관계와 질서체계를 전면적으로 마주친 상황이다. 어린이는 무엇을 느꼈을까? 이러한 '교敎'자의 절반인 왼쪽 부분을 분석해 볼 때, '교敎'의 지평에서 상당 부분이 원초적으로 세계와 어리석은 인간의 만남을 전제로 하고 있음을 알 수 있다.

교敎의 오른쪽 부분인 복[攴]은 '가볍게 살짝 때리다'라는 뜻을 지니고 있다. 글자 자체의 소리는 복卜을 따랐으나 의미는 우[又: 손]를 나타낸다. 본래 조그마한 회초리나 막대기 같은 것을 손으로 잡아 쥐는 모양을 본떴기 때문에 손으로 일을 하는 '손작업'은 모두 이를 따른 것으로 생각된다. '손으로 때려준다'는 의미는 매우 상징적이다. 물리적으로 회초리를 치는 것이 글자의 본래 모습이지만, 윗사람이 말로 꾸중을 하거나 격려, 위로, 충고 등 다양한 양상의 깨우침이 여기에 포함될 수 있다. 또한 외부의 사물을 통해 스스로 깨닫는 일도 자기채찍이라는 의미에서 자기깨달음의 하나이다.

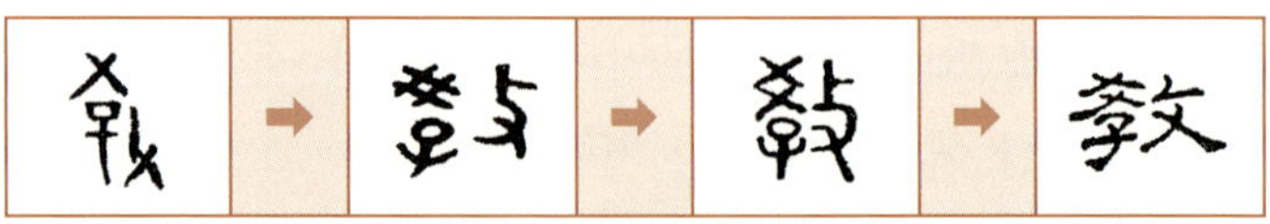

**[그림 1] 敎자의 변화 모습**

이렇게 볼 때, 교육敎育에서 교敎는 '우주 만물의 어우러짐[爻]', '어린이[子]', '치다 · 때리다[攴]'라는 의미의 복합체이다. 그것은 왼쪽 부분[孝]에서 '어린이가 우주의 상황과 마주치고 어우러져 본받는다'는 의미를 지닌다. 즉 우주의 얽힌 존재 근원을 어린이가 인식하고 모방하는 것과 관련된다. 오른쪽 부분[攴]은 손으로 쳐서 사람을 인도한다는 의미가 깃들어 있다. 즉 세상의 어우러진 사물에 대해 어린이가 이해하려고 할 때, 윗사람이 손으로 살짝 때려 깨우쳐 조심하도록 주의를 주니 아랫사람이 이에 따르는 것을 말한다. 중국 고대의 유명한 글자풀이 책인 『설문해자說文解字』에서는 이를 "위에서 베푸는 것을 아래에서 본받는다"라는 말로 압축하여 표현했다.

결론적으로 말하면, 교敎의 글자 모양은 세상의 사물을 마주하고 있는 어리석은 인간에 대해, 스승[혹은 자신]이 한 손에 회초리를 들고 공부하라고 재촉하는 모습이다. 즉 동아시아에서 교敎는 세상을 살아가려는 어리석은 제자[[illegible]]에게 스승[혹은 스스로]이 회초리로 깨우침을 주는[攴] 일련의 상호작용이다.

육育은 옛날 글자의 모습으로 보면, 한 여자와 그녀의 몸 아래에 머리를 밑으로 한 아기가 있고, 그 옆에는 약간의 물이 있는 모습이다. 이는 산모가 아이를 낳을 때의 모양을 상징적으로 보여준다. 그러므로 육[育]은 본래 '아이를 낳는다'는 의미를 지니고 있다. 또 다른 해석은 포대기에 쌓인 아기를 나타내는 자[子]와 고기를 표현하는 육[肉]이 합쳐진 모습이다. 육[肉]은 '크게 저민 고기'를 말한다. 육肉자의 바깥은 큰 덩이 고기의 모양을 본떴고, 가운데의 두 획은 고기의 살결을 본떴다. 이 때 육[肉]은 여자의 몸으로 이해할 수 있다. 이런 점에 기초하여 육[育]은 아기를 밴 엄마의 몸, 혹은 엄마가 자식을 낳아 기르는 데 비유되어, '기르다[養]'라는 말과 통용되기도 한다.

그런데 육育의 윗부분은 '자子'자를 거꾸로 쓴 글자이다. 따라서 아이가 거꾸로 있는 모습이다[子]. 우리는 이 점에 주의할 필요가 있다. 앞에서 설명한 것처럼 문자학적으로 육[育]은 산모의 자식 출산과 관련되어 있다. 이를 염두에 두고 다시 육育자를 살펴보자. 아이가 거꾸로 있는 모습[𠫓]은 아이가 태어날 때 머리부터 세상에 나오는 것을 상징한다.

다른 해석은, 아이가 엄마 뱃속에서 순탄하게 출산하지 못할 정도로 구부려 있거나 뒤집어진 자세를 하고 있어, 그것을 바로 잡아 출산함을 의미하기도 한다. 이처럼 육育에는 '아이를 낳는다' 혹은 '뱃속에서 제자리를 잡지 못하고 뒤집어진 모습으로 들어 있는 아기가 순탄하게 출산하도록 아이의 자세를 바로 잡아준다'라는 의미가 포함되어 있다.

이것이 『설문해자』에서는 "자녀를 길러 착하게 만든다"는 의미로 확장되었다(신창호, 2005: 24-25). 요컨대, '교육教育'에서 육育은 출생과 직접적으로 결부된다. 순산에 의한 인간의 탄생, 혹은 난산을 순산으로 바로 잡는 과정을 통해 탄생하는 인간의 출현을 육育으로 이해할 수 있다.

이렇게 본다면, 교육教育은 그 기원에서, 인간의 탄생, 그리고 출생 이후의 세계와 마주치고 깨닫는 지속적인 성장을 통해, 자신을 생성해 가는 삶의 과정으로 재해석할 수 있다.

### 2) 한글 : '가르치고 기르다'

일반적으로 '나는 교육계에 종사한다' 또는 '나는 학생들을 교육한다'고 했을 때, 교육의 의미는 가르치는 행위와 동의어이다. 그러나 좀 더 엄밀히 따지면, 교육教育에 해당하는 한글은 '가르치고 기르다'이다(김정환 · 강선보, 2005: 8-9; 박영환, 1996: 10).

현재 우리말의 '가르치다'는 옛날 고어로 'ᄀᆞᄅᆞ치다'였다. 이는 '사람을 가르친다'고 할 때의 '가르치다'와 '어떤 사물을 가리킨다'고 할 때의 '가리키다'라는 두 가지 뜻을 동시에 지니고 있다. 그런데 ᄀᆞᄅᆞ치다는 'ᄀᆞᄅᆞ'와 '치다'가 합해서 이루어진 말이다. 'ᄀᆞᄅᆞ'는 공자왈孔子曰 맹자왈孟子曰이라고 할 때의 '가로 왈[曰]'과 같은 뜻으로 '이르다, 말하다'의 의미로 쓰였다. 따라서 '교훈을 준다'는 뜻이 담겨 있다. 또한 '갈다' 혹은 '가르다'의 뜻으로 쓰이기도 한다.

**가ᄅᆞ** [__] 어 〈옛〉 갈라. ⓑ衆生濁ᄋᆞᆫ 無明을 길어 六道애 가ᄅᆞ ᄃᆞ녀 한 모딘 이리 서르 나 흐리워 性을 마ᄀᆞᆯ 씨오 =衆生濁者ᄂᆞᆫ 長養無明ᄒᆞ야 支離六道ᄒᆞ야 衆惡이 相生ᄒᆞ야 混濁障性ᄒᆞᆯ 씨오<법화 1:189> 노ᄑᆞᆫ 양ᄌᆞ 하ᄂᆞᆯ해 가ᄅᆞ 드듸옛ᄂᆞ니 ᄆᆡ온 ᄇᆞᄅᆞ미 그ᄎᆞᆯ ᄢᅴ 업다(高標跨蒼穹 烈風無時休)<두해-초 9:32> ᄉᆞᆺ티 몯ᄒᆞᆯ 곧이 잇거든 가ᄅᆞ 주 내여 사기니라 =有解不通處則分註解之ᄒᆞ니라<소해, 범례:1> 가ᄉᆞ 사ᄅᆞ미 부모ᄅᆞᆯ 두 엇게예 가ᄅᆞ 메오 슈미산ᄋᆞᆯ 뵈 천 번 도라 엇게ᄢᅦ ᄉᆞᄆᆞ차도(假使有人左肩擔父右肩擔母 硏皮止骨骨穿至髓 遶須彌山經百千回)<은중 18> 가ᄅᆞ ᄂᆞᆫ 鶴ᄋᆡ 삿기ᄂᆞᆫ 구ᄉᆞᆯ ᄀᆞᆮᄐᆞᆫ 고ᄌᆞᆯ ᄇᆞ리고(背飛鶴子遺瓊蘂) <두해-중 13:45> 冠ᄒᆞ며 笄티 아닌 者ㅣ ᄀᆞᆺ ᄇᆞᆯᄀᆞ며 닐어 總角ᄒᆞ고 䪼面ᄒᆞ야 =未冠笄者ㅣ 質明而起ᄒᆞ야 總角䪼面ᄒᆞ야[총각은 머리 다하 가ᄅᆞ 조지미라]<가례 2:26> 머리에 가ᄅᆞ 샹토 조지고(頭挽雙丫髻)<박신 3:46> 참고가ᄅᆞ다디. 가ᄅᆞᆯ. [>가르]

**가ᄅᆞ-누룩** 이 〈옛〉 보리누룩. ⓑ麴 腐麥造成以釀酒者 누룩 䴷子 기울누룩 女麴 仝 黃子 가ᄅᆞ누룩 黃衣 仝<물명 3:3> 참고 기울누룩

**가ᄅᆞ다** 움(남)ᄅᆞ벗 〈옛〉 가르다. 참고갈-. [>ᄀᆞᄅᆞ다>ᄀᆞ르다]

**가ᄅᆞ-다디** 이 〈옛〉 갈라 닫고 여는 쌍으로 된 문짝. ⓑ窓扇 窓 ᄧᅡᆨ 雙扇 가ᄅᆞ다디 單扇 외다디… 門扇 門 ᄧᅡᆨ<역해, 상:17~18> 현상다디. 참고 외다디.

**가ᄅᆞᆯ** [_¯] 이 〈옛〉 ①갈래. ⓑ반ᄃᆞ기 알라 녜 비록 네 가ᄅᆞᆯ로 滅을 뵈나 =當知昔雖四派로 示滅ᄒᆞ나<능엄 9:120> 經사교미 科ㅣ 이시며 教判호미 ᄆᆞᆯ리 잇ᄂᆞ니… ᄆᆞ리 ᄆᆞᆯ리 이셔 가ᄅᆞᆯ 모도ᄃᆞᆺ ᄒᆞ니라<능엄 1:16> 다ᄉᆞᆺ 가ᄅᆞᆯ로 흐ᄅᆞᆯ씨 五湖ㅣ라 ᄒᆞ니라<금삼 2:10> ②가랑이. ⓑ東京 ᄇᆞᆯᄀᆞᆫ ᄃᆞ래 새도록 노니다가 드러 내 자리ᄅᆞᆯ 보니 가ᄅᆞ리 네히로

[그림 2]『우리말 큰사전』에 수록된 'ᄀᆞᄅᆞ'의 용례들

먼저 '갈다'의 맥락에서 이해해 보자. 우리는 일상생활에서 '갈고' 닦는다 또는 칼을 '갈다', '갈아'치운다 등 '갈다'라는 말

을 많이 사용한다. '낡은 것을 새것으로 바꾸다', '숫돌에 문질러서 날이 서게 한다', '맷돌로 갈아서 가루를 만들다', '문질러서 광채가 나게 한다', '쟁기로 논밭의 흙을 갈아 뒤집는다' 등등. 일상어로 사용하는 '갈다'라는 말에는 이처럼 다양한 의미가 포함되어 있다. 이러한 말에는 공통적으로 '노력하고 애쓴다. 다듬어 깎아서 새롭게 만든다'라는 의미가 들어 있다.

그리고 '가르다'는 말은 이쪽과 저쪽, 혹은 내 편과 네 편을 나누어 가르듯이, 이것과 저것의 차이, 다름을 알리는 언표이다. 인간은 수시로 착한 것과 나쁜 것을 가르고, 바른 일과 그른 일을 가리는 행위를 통해 삶을 영위한다. 이른바, 시비선악是非善惡을 판단한다. 따라서 가르다는 A와 B를 '분리'하거나 여러 가지 중에서 특정한 것을 '선택'하는 문제와 연관된다. 요컨대, 가려서 뽑는 인간의 사고와 인식에 연결된다.

이러한 ᄀᆞᄅᆞ에 덧붙인 '치다'에는 양육의 의미가 들어 있다. '사람을 살짝 치다', '식물의 가지나 잎을 치다', '동물을 치다'라고 할 때, '치다'라는 뜻은 사람을 일깨워주고, 식물을 잘 자라게 하며, 동물을 기르는 일이다. 그것은 사물을 있는 그대로 유지하는 일이 아니라, '어떤 행위를 더하여 새로움을 추구한다'는 의미가 담겨 있다. 이렇게 볼 때, '갈다[ᄀᆞᄅᆞ]'와 '치다'가 합쳐진 '가르치다'라는 말에는 무엇이 좋고 나쁜지, 혹은 옳은 일인지 그른 일인지를 판단하여[ᄀᆞᄅᆞ] 좋고 올바른 일은 발전적으로 이어가고, 나쁘고 그른 일은 새롭게 다듬어 좋고 올바르게 만드는 [치다] 작업이 포함되어 있다.

한편, '기르다'는 말은 '애완견을 기르다', '나무를 기르다',

'자식을 기르다'와 같은 용례에서 보듯이, 다음과 같은 의미가 들어 있다. '동물이나 식물에게 영양분을 주고 그것을 섭취하게 하여 자라거나 생명을 이어가게 하다', '육체나 정신에 도움이 될 것을 주어 쇠약해지지 않게 하다', '짐승을 쓸모 있게 길들이다'처럼 식물의 재배, 동물의 사육, 사람의 성숙 등과 통하는 말로, 사물을 반짝반짝 윤이 나게 하는 행위이다. 즉 사람을 양육·육성하거나, 사람에게 필요한 여러 동·식물을 잘 자라게 하는 전반적인 행위를 말한다. 요컨대, 세상의 다양한 생명이 지속적으로 성장하며 살아가는 데 필요한 영양을 공급하는 모든 과정이다.

인간교육 차원에서 이해하면, 한글에서 '가르치고 기르다'는 의미는 학습자가 지니고 있는 선천적인 재능을 발견하고, 이를 갈고 닦아 펼칠 수 있도록 이끄는 작용이다.

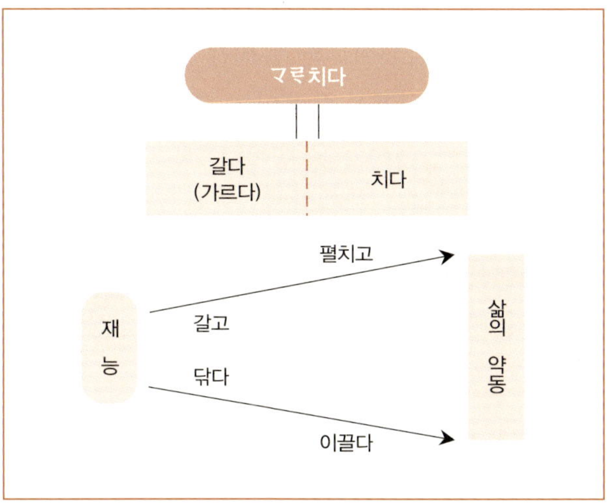


[그림 3] '가르치고 기르다'의 의미

### 3) 서구어 : 파이데이아, 에듀케이션, 페다고지, 빌둥

고대 그리스시대에 교육을 의미하는 말은 파이데이아paideia이다(오인탁, 2001). 파이데이아는 어린이를 뜻하는 그리스어 파이스pais가 어원이다. 파이스pais에 '상태'를 나타내는 접미어 에우오euo가 이어지면, 파이데우오paideuo가 되어 '어린이와 함께 있다'라는 뜻으로 확장된다. 파이데이아는 바로 파이데우오의 변형으로 '어른이 어린이와 함께 있는 상황'을 표현한다. 교육을 의미하는 파이데이아는 이런 뜻을 담고 있다.

'어른이 어린이와 함께 있다'는 말은 무엇을 뜻할까? 함께 있기 위한 필요충분조건은 무엇일까? 가장 먼저 생각할 수 있는 것이 아이의 출생과 양육이다. 동양의 교육教育에서도 보았듯이, 아이의 출생에는 반드시 부모가 있어야 한다. 부모인 어른과 그 보호를 받는 자식이 함께 있는 상황, 아이-어른의 동시적 탄생이 바로 파이데이아에 담겨 있는 교육현상이다. 부모-자식, 어른-아이의 관계에서 근원적으로 필요한 것은 부모와 어른은 자식과 아이를 보호하고, 자식과 아이는 부모와 어른을 따르면서 상호작용을 통해 삶을 영위하는 일이다. 이런 맥락에서, '훈련하다', '교육하다', '도야하다', '수업하다', '길들이다'와 같은 의미가 도출되었다.

파이데이아를 한마디로 표현하면, '인간을 인간답게 하는 모든 활동이다.' 인간을 개나 돼지처럼 만든다든가, 여자를 남자처럼, 혹은 타인에게 자신을 닮도록 강요하거나, 자식을 부모처럼 키우려는 것은 파이데이아에서 추구하는 본질이 아니다. '인간답게'란 사람마다 각자의 영혼에 딱 들어맞는 명예를 주는 일이다. 이를 교육적 의미로 이해하면, 각자의 잠재능력과 소질에 따라서 탁월하게 자라날 수 있게 하는 작업이다.

'파이데이아' 외에도 교육을 뜻하는 서구어에는 에듀케이션education과 페다고지pedagogy가 있다. 에듀케이션은 라틴어 에듀카레educare에서 유래하였는데, 이는 '무엇 무엇으로부터[from], 혹은 밖으로[out]'를 의미하는 에e와 이끌다[lead]라는 의미를 지닌 듀카레ducare의 합성어이다. 이런 점에 착안해 보면, 에듀케이션은 인간이 지니고 있는 것을 '밖으로 꺼내어 키워준다'는 말이다. 즉 인간이 선천적으로 타고난 여러 가지 자질을 잘 길러주는 일이다. 다시 말하면, 학습자가 지니고 있는 선천적인 소질 또는 잠재능력을 바람직한 방향으로 표출할 수 있도록 신장·발전시킨다는 뜻이다. 페다고지는 그리스어의 파이다고고스paidagogos에서 유래하였는데, '어린 아이'를 의미하는 파이도스paidos와 '이끌다'라는 의미인 아고고스agogos의 합성어이다. 이는 귀족의 자제들을 학교나 체육관, 기타 공공장소로 데리고 다니며 이끌어주는 교복敎僕, 즉 가르침을 담당한 하인을 뜻한다. 다시 말하면, 페다고지는 '어린이를 이끈다'는 말로, '어른인 교사가 학생인 어린이를 지도한다'는 의미이다. 이렇게 볼 때, 서구에서 교육을 뜻하는 에듀케이션과 페다고지는 어린이를 바람직한 방향으로 이끌어 소질을 계발시켜 준다는 뜻을 담고 있다.

또한 독일어의 빌둥Bildung이라는, 교육학에서 가장 기본적인 개념도 있다(정영근, 1999: 90). 그것은 우리말로 도야陶冶로 번역되는데, 인간에게 주어진 고유한 사명으로서 각 개인이 자신의 개별성을 뚜렷이 드러내는 것을 말한다. 즉 다른 사람의 개성과 혼동되거나 반복될 수 없는 자신의 고유함을 내보이는 일로, 자유로운 개성의 발현에서 그 절정을 달한다. 그리하여 궁극적으로 자신의 고유한 모습을 추구하고 획득하는 과정이 된다.

| | |
|---|---|
| 파이데이아 | 인간답게 |
| 에듀케이션 | 계 발 |
| 페다고지 | 인 도 |
| 빌 둥 | 개성발현 |

[그림 4] 서구의 교육 개념들

결론적으로, 동 · 서양을 막론하고 '교육'이라는 말에 담겨 있는 공통적 의미는 크게 두 가지로 정리할 수 있다(정영근, 1999: 82).

첫째 어린이가 지닌 자연적 성장의 힘인 잠재능력[potentiality], 가능성[possibility], 소질[disposition]을 교육자[혹은 스스로]의 노력으로 이끌어낸다.

둘째 불완전한 상태에 있는 것을 완전한 상태로 발달시키고, 미성숙 상태에 있는 것을 성숙한 상태로 나아가게 하며, 잠재되어 있는 가능성을 계발하여 온전하게 실현한다.

물론 이 과정에는 여러 측면이 작용한다. 인간의 행위 측면에서 볼 때, 그것은 크게 자기노력에 의한 자발적 전개, 타자의 개입과 추동에 의한 타율적 전개로 대별할 수 있다. 또한 표출의 방향으로 볼 때, 그것은 어린이의 내적 능력을 외부로 표출하는 계발·전개가 있고, 외부의 지식과 가치를 어린이의 내면으로 주입·훈련하는 측면이 있다.

**❤참고자료 1 : 앤드라고지[성인교육]의 등장**

서구의 전통교육이 어린이와 연관되어 진행되어 왔다면, 20세기 중·후반부터 과학기술의 혁신과 삶의 변화에 따라 새로운 교육양식이 대두한다. 그것은 페다고지로 대변되는 전통교육의 양식과 비교되는 앤드라고지Andragogy이다. 페다고지가 아동을 대상으로 하는 교육을 총칭한다면, 앤드라고지는 성인을 대상으로 하는 교육의 양식이다. 페다고지에서 진행되었던 교육, 즉 학교에서 획득한 지식과 정보를 통해 이후의 사회생활을 영위할 수 있었던 과거 교육과는 달리, 20세기 중·후반 첨단우주과학기술시대, 지식정보화시대의 출현과 더불어 심화된 지식과 정보의 폭발적 증가는 성인에게 평생을 통해 변화에 대응해야 한다는 새로운 교육적 과제를 안겨 주었다. 그것은 성인교육을 강화하는 방향으로 진행되었고, 새로운 차원에서 평생교육의 문제를 제기하였다.

### 4) 동아시아 한자 문명권 : '교육敎育'의 맥락

교육敎育이라는 말은 중국의 고전인 『맹자孟子』에서 구체적으로 확인된다(신창호, 2005: 15-18). 『맹자』 「진심盡心」에는 군자君子에게 세 가지 즐거움이 있는데, 그 중에서 세 번째 즐거움을 '교육하는 일'이라고 하였다. 여기에서 '교육'이라는 말이 처음으로 등장한 것으로 보인다.

맹 자 왈 　군 자 유 삼 락 　이 왕 천 하 불 여 존 언
孟子曰, 君子有三樂, 而王天下不與存焉

부 모 구 존 　형 제 무 고 　일 락 야
① 父母俱存, 兄弟無故, 一樂也.

앙 불 괴 어 천 　부 부 작 어 인 　이 락 야
② 仰不愧於天, 俯不怍於人, 二樂也.

득 천 하 영 재 이 교 육 지 　삼 락 야
③ 得天下英才而教育之, 三樂也.

*
맹자가 말하였다. 군자[건전한 인격자]에게 세 가지 즐거움이 있는데, 올바르지 않은 방법으로 권력을 쟁취하여 왕 노릇하는 일은 여기에 해당되지 않는다.

① 부모님이 모두 생존해 계시고 형제들이 무사하게 잘 살고 있는 것이 첫 번째 즐거움이고,

② 나 자신이 하늘을 우러러 부끄럽지 않고 다른 사람들에게 내놓아도 마음이 떳떳한 것이 두 번째 즐거움이며,

③ 인간답게 성장할 가능성이 있는 사람[영재]을 건전한 인간으로 교육하는 것이 세 번째 즐거움이다.

맹자(孟子, B.C. 372~B.C. 289경)가 말하는 세 가지 즐거움 중 세 번째에 '교육教育'이라는 말이 포함되어 있다. 이른바, 군자, 즉 건전한 인격자는 어떠한 즐거움을 지니고 있는가? 왜 굳이 세 가지 즐거움을 말했을까? 그것은 인간 삶의 전체 면모와 관련된다.

첫 번째 즐거움인 "부모구존 형제무고父母俱存, 兄弟無故"는 인간의 생사生死와 관련된 문제로 사람이 마음대로 조종할 수 있는 부분이 아니다. 그것은 우리의 의지와 관계없이 하늘에 달린

일이다. 그러므로 나의 노력 자체도 중요하지만, 객관 상황의 파악으로 만족해야 한다. 건전한 인간이라면 대부분 부모님이 나란히 오래도록 장수하기를 소망하며 효도를 다하고, 형제자매가 무사하기를 기원한다. 왜냐하면 부모는 내 생명의 존재 근거, 즉 내 삶을 가능케 한 근원이요, 형제자매는 그것을 공유하는 피붙이기 때문이다. 이러한 첫 번째 즐거움을 이해한다는 것은 부모라는 인간의 수직질서와 형제라는 수평질서를 통해 우주 세상의 이치와 법칙체계를 파악한다는 것이다.

두 번째 즐거움인 "앙불괴어천, 부부작어인仰不愧於天, 俯不怍於人"은 부끄럽지 않은 인생과 관련되는 문제로 자기반성과 수양, 양심의 지속을 통해 달성할 수 있는 개인적 작업이다. 다시 말하면, 인간의 자기존재에 대한 확인이자 삶의 방향을 찾는 주체적 활동이다. 이 때 중요한 문제는 얼마만큼 자기에게 충실하고 성실히 하느냐, 나의 책임과 임무를 다하여 이 우주 내에서 기능과 역할을 제대로 수행하느냐와 관련된다. 이는 전반적으로 인간의 자기노력 여하에 달린 문제로 인간 각자의 몫이다. 교육적으로 말하면, 자기교육이자 인격의 완성을 추구하는 과정으로 해석할 수 있다.

세 번째 즐거움인 "득천하영재이교육지得天下英才而教育之"에서 교육은 인간의 개인적 작업이긴 하지만, 자신의 인덕人德과 학덕學德을 후세에 전하여 사회에 기여하는 데 무게중심이 있다. 교육은 두 번째 즐거움처럼 자기교육이 기본이다. 그러나 '영재英才를 얻어' 교육한다고 했을 때, 영재는 자기가 아닌 타인이다. 즉 자기교육이 일정한 수준에 도달한 스승이 타인인 제자를 맞아들여 교육하는 일이다. 이는 개인적 작업이 타인, 혹은 타인과 관계하는 사회공동체로 확장된다는 점에서 사회성이 강하다. 즉 타인을 교육하는 행위는 개인교육의 사회적 확대이자 공동체교육이 된다.

건전한 인격자, 이른바 교육받은 사람[educated man]인 군자의 세 가지 즐거움을 통해 교육의 의미 맥락은 다음과 같이 이해된다.

첫째 부모형제의 삶을 확인하면서 나의 존재 근거를 찾는 동시에 세계의 구성원리를 이해한다.

둘째 자기확인과 충실을 통해 부끄럼 없는 자기교육을 이행한다.

셋째 '영재'라는, 사람 구실을 할 수 있을 가능성이 있는 인간의 교육을 통해 아름다운 공동체사회를 꿈꾼다.

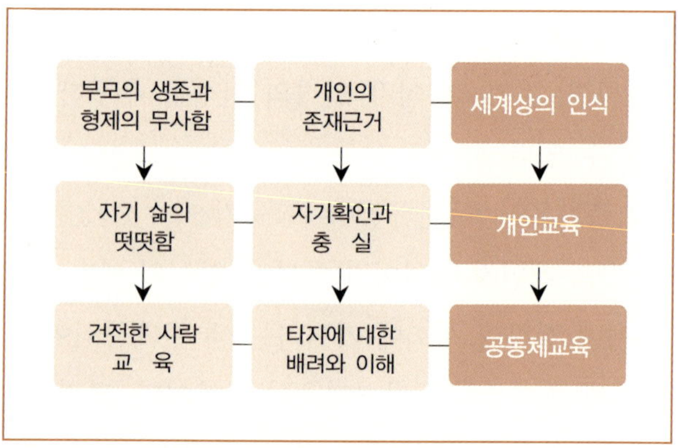


[그림 5] 교육의 길

### 5) '교육'과 비슷한 뜻을 지닌 '용어'

위에서 살펴본 것처럼, 교육은 상황에 따라 다양하게 표현된다. 넓은 의미에서는 인간의 삶에서 이루어지는 모든 행위로 볼 수도 있지만, 좁은 의미에서는 일반적으로 학교교육schooling을 말한다. 교육을 보다 정확하게 이해하기 위해서는 상황에 따라 달리 표현되는 교육과 유사한 개념이나 용어를 파악할 필요가 있다. 즉 어떤 상황에서 어떤 의미로 교육이 구명되는지 명확하게 알아야 하는 것이다. 교육과 유사한 의미를 지닌 용어로는 '교수-학습 활동', '훈육訓育', '훈련', '교화敎化', '품성형성', '사회화' 등이 있다.

'교수-학습 활동'은 '가르침과 배움'을 기본으로 하는 가장 좁은 의미의 교육이다. 이는 흔히 학교와 같은 공식적 교육기관에서 많이 이루어진다. 인간이 갖추어야 할 기본적 자질이나 교양을 쌓기 위하여 보편적 가치를 지닌 교육내용을 매개로 교사와 학생 사이에 일어나는 상호작용을 말한다.

'훈육'은 정해진 규칙을 따라 배우는 것을 기본으로 한다. 예를 들면, 문법의 규칙과 같은 교과 자체와 관련된 규칙, 주의집중에 관한 규칙과 같은 학습방식에 관한 규칙, 출석이나 전학, 긴급상황에서의 조치 등과 같은 효율적 운영을 위한 규칙 등. 이런 다양한 규칙은 훈육을 통해 이루어진다.

'훈련'은 주로 특정한 직종에서의 업무능력 개발을 의미한다. 예컨대, 군대에서 사격술을 연마하는 일에 대해 사격교육이라기보다는 사격훈련이라고 한다. 컴퓨터 자판기에서 타자연습을 하는 것도 마찬가지이다. 그러므로 교육내용이 갖는 가치도 특수한 상황에 처한 개인의 가치실현을 지향한다. 때문에 훈련은 교육과 결정적으로 다르게 가치지향적 활동이 아니라 가치중립적 활동이다(엄태동, 2000: 23).

'교화'는 훈련과 유사하게 특수한 상황에 처한 개인의 입장을 고려한 교육활동으로, 특정한 목적과 이데올로기를 일방적으로 주입하는 과정이다. 예를 들면, 유교·기독교·이슬람교 같은 종교나 공산주의 국가에서 그들의 교리나 이론을 주입하여 국민들을 무장시키거나 의식화하는 경우가 이에 해당한다.

'품성형성'은 사회환경과 조직풍토의 영향 속에서 자신도 의식하지 못하는 사이에 교육이 이루어지는 의도하지 않은 교육작용이다. 이는 가치수용이나 태도형성, 지식·기능의 습득 등 다양한 측면에서 일어난다.

'사회화'는 인간이 성장·발달해 가면서 자기가 속한 집단의 문화, 즉 생활양식이나 행동양식 등을 내면화하고, 자신의 독특한 개성과 자아를 형성해 가는 과정을 말한다.

이러한 개념들은 앞에서 언급한 교육과 유사한 의미를 지니고 있으면서도 그 자체만이 지닌 특정한 교육적 의미가 있다.

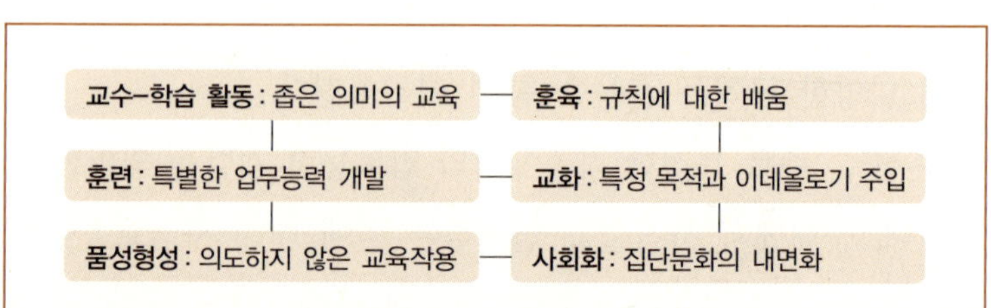


[그림 6] 교육과 유사한 개념들

# SECTION 3 교육을 이해하는 다양한 관점

## 1) 교육의 정의

### (1) 규범적 정의

교육을 규범적으로 정의할 때, 핵심적으로 이해해야 할 말은 '규범'이다. 규범은 사람이 어떤 사물에 대해 판단하고 평가하고 실천하여 가장 좋은 결과를 얻기 위한 행위와 원리이다. 즉 목적을 향한 기준이자 열망이다. 따라서 규범적 정의는 어떤 대상이 바라는 궁극적 목적과 연관된 규정이다. 인간은 짐승과 달리, 교육을 통해 인격완성을 꾀하면서 '인간됨' 또는 '된 사람'이라는 궁극적 이상을 지닌다. 그것은 인간이라는 가치실현을 위해 인간 자신의 성장을 주요 목적으로 설정하는 작업이다. 인간을 '인간답게' 형성하려는 수많은 노력들이 이에 해당한다.

교육의 경우, 규범적 정의는 현재 인간의 모습이나 현재 사회의 상태에 초점을 맞추는 것이 아니라, '미래에 당연히 확보할 이상'을 그려낸다. 그러기에 '단순히 있는 것 그대로'를 기술하기보다는 '일어나야만 할 것' 또는 '반드시 있어야만 할 것'에 주안점을 둔다. 때문에 현재보다 미래에 더욱 가치 있고 의미 있는 것을 추구하며 계발하는 과정으로 이해된다. 다시 말하면, 규범적 정의는 교육의 가치실현을 위한, 교육 자체의 발전에 무게중심을 둔다. 따라서 개인적 차원에서나 공동체의 차원에서 인격완성이나 자아실현이라는 내재적 가치의 실현 또는 영원한 진리나 가치를 추구하는 것을 교육의 중요한 목표로 제시한다. 예를 들면, 다음과 같은 정의가 가능하다.

- 교육은 민주시민으로서의 자질을 함양해 가는 과정이다.
- 교육은 영원한 진리나 가치로 접근하는 과정이다.
- 교육은 인간을 인간답게 형성하는 과정이다.
- 교육은 인간을 창조한 신의 모습을 닮도록 하는 과정이다.

이런 규범적 정의는 지극히 '주관적'일 수 있다. 왜냐하면 인간에게서 기본적 규범에 해당하는 인격완성이나 자아실현 등은 내재적 가치의 실현이자 진리의 추구로, 객관화하기 어렵기 때문이다. 규범적 정의는 그 자체의 행위나 실천이 목적을 지향하고 있으므로 '목적론적 정의'라고도 한다.

### (2) 기능적 정의

기능적 정의는 교육의 '도구적' 가치를 강조하는 관점이다. 기능은 말 그대로, 어떤 분야에서 담당하고 있는 구실이나 작용이다. 구실이나 작용은 사람이 속한 집단에서 역할과 연관되고, 그 역할은 집단의 발전을 위한 도구로 이해된다. 교육의 도구적 가치에서 '도구적'이라는 말은 수단을 강조하는 것이다. 즉 교육의 기능을 '어떤 것을 이루기 위한 수단'으로 보는데, 특히 사회 문화의 계승이나 사회 발전의 도구로 본다. 다시 말하면, 교육은 무엇을 위한 수단인가? 교육은 어떤 일에 이바지해야 하는

가? 국가나 사회와 같은 공동체에 기여해야 하는가? 정치나 경제발전의 수단이 되어야 하는가? 종교에 봉사해야 하는가? 대상을 어떻게 정하느냐에 따라 다양한 기능적 정의가 가능하다. 예를 들면, 다음과 같이 정의할 수 있다.

- 교육은 국가 사회 발전을 위한 수단이다.
- 교육은 사회문화의 계승 및 발전을 위한 주요한 수단이다.
- 교육은 개인의 직업선택과 취업을 위한 수단이다.
- 교육은 합리적 경제활동을 위한 자질을 길러주는 수단이다.
- 교육은 개인의 사회적 출세를 위한 수단이다.

이러한 기능적 정의는 지나치게 기능적이고 도구적이며 수단적이다. 따라서 교육 본래의 가치실현에 소홀히 할 소지가 있고, 교육 자체의 발전에 지장을 줄 수도 있다. 무엇보다도 개인의 출세를 위한 수단으로 전락하여 부조리를 초래할 수 있다.

### (3) 조작적 정의

위에서 살펴본 규범적 정의는 지나치게 주관적일 수 있다. 그리고 기능적 정의는 수단적 가치로 전락할 우려가 있다. 조작적 정의는 이 두 가지 정의의 취약점을 보완하기 위해 마련된 것이다. 조작적 정의는 말 그대로 교육을 '조작[operation]'하여 사람을 만들어나가는 데 초점을 둔다. 따라서 '계획적이고 의도적인 인간행동의 변화'를 핵심으로 한다.

조작적 정의는 교육을 인간의 행동특성을 계획적으로 변화시키려는 과정으로 본다. 이 때 인간의 행동특성은 심리학적 개념이다. 인간의 행동은 웃거나 울거나 슬퍼하거나 기뻐하는 등, 겉으로 드러난 행동인 외현적인 것뿐만 아니라, 지식이나 사고, 태도, 자아개념과 같은 포착하기 힘든 내면적 행동까지도 포함한다. 즉 인지적 · 정의적 · 운동기능적 영역을 모두 포괄한다.

교육은 학생들의 내 · 외면을 포괄하는 행동특성을 우선순위에 둔다. 특히 겉으로 드러난 행동보다 포착하기 어려운 내면의 세계에 보다 관심을 두면서, 그것을 육성하고 함양하고 계발하고 교정하며 인간의 발달을 도모한다. 그리하여 이전과는 다른 변화를 유도한다. 지식을 습득하면서 지성인으로 거듭나고, 창의적 사고력을 증진하며, 새로운 관점으로 세계를 바라보는 능력을 획득한다. 이 과정은 저절로 이루어지기보다는 명확한 목표와 과정에 의하여 진행된다.

'계획적 변화'라는 말은 인간의 행동이 자연적으로 변화해 가는 데 관심을 두기보다, '의도적'으로 변화시키는 데 관심을 둔다. 즉 어떤 인간으로 기르려고 하는지에 대한 교육적 모델을 설정하고, 그것을 기를 수 있는 실제적인 계획과 과정을 수립한다. 다시 말하면, 교육에서 구체적 교육목적과 교육과정, 그리고 교육방법을 갖추는 작업이다. 대표적인 조작적 정의는 다음과 같이 표현된다.

- 교육은 인간행동의 계획적 변화이다.

인간행동의 계획적 변화라는 측면에서, 조작적 정의는 규범적 정의나 기능적 정의에 비해, 교육활동이 전개되는 전체 과정을 비교적 포괄적이고 합리적이며 과학적으로 설명해 준다.

## 2) 여러 사상가의 교육관

교육에 관한 규범적 · 기능적 · 조작적 정의는 어디에 중점을 두고 교육을 실천할 것인가를 범주화한 것이다. 물론 대부분의 교육사상가들의 정의는 이 세 범주 가운데 어느 하나로 설명할 수 있다. 그렇다면 개별 사상가들은 역사 속에서 어떻게 교육을 정의해 왔을까?

### (1) 고대 동 · 서양의 교육관: 공자, 소크라테스, 플라톤의 경우

인류 역사에서 가장 위대한 성인聖人으로, 흔히 공자와 소크라테스, 예수와 마호메트, 그리고 석가를 꼽는다. 이 중에서 공자와 소크라테스는 종교적 색채가 상대적으로 적은 교육자의 모습으로 잘 알려져 있다.

동양의 경우, 공자는 최고의 스승이자 교육자로 인식되어 있다. 공자는 『논어』를 통해 그의 사상을 드러내는데, 교육과 관련하여 중요한 얘기를 했다(강선보 · 장지원, 2006). "인간의 성품은 서로 비슷하나, 교육에 따라서 달라진다[性相近 習相遠]"는 교육의 가능성을 제기한 것이다. 이는 인간의 유전적 자질과 후천적 환경을 구분하면서도, 교육을 통해 건전한 인간을 양성할 수 있다는 하나의 교육적 선언이다. 공자는 인간 개개인이 타고나는 본성에 큰 차이가 있다고 생각하지는 않았다. 그러나 한 개인을 둘러싸고 있는 개인적·사회적 환경에 따라 본성이 다르게 표출된다고 보았다. 본성은 인간이 자연적으로 타고난 천성을 의미하고 습관은 교육이나 학습, 경험과 환경 등으로 형성된 후천적인 인간의 자기습득이다. 따라서 인간의 자연적 천성은 서로 가까운데, 교육이나 학습 등 습관의 차이 때문에 도덕성에서 거리가 엄청나게 멀어진다(천웨이핑, 2002: 192). 인간이라면 누구나 공통적으로 가지는 능력이 있다. 그러나 이것의 발현 여부는 후천적으로 다듬어가는 과정, 즉 학습 또는 교육을 통해 결정된다.

[그림 7] 공자가 제자들을 교육하는 모습

공자는 이러한 인간관과 교육관에 기반을 두고 인격의 최고 수준인 '군자君子' 양성을 교육의 목적으로 삼았다(陳大齊, 1996; 장병한, 2003; 신창호, 2006). 군자는 심성수양을 통해 지智·인仁·용勇을 겸비한다. 그리하여 일정한 형식과 격식에 구속되지 않으며, 편견이나 편파적이지 않은 조화로운 인간이 된다. 그리고 경[敬: 자기깨달음]을 통해 자신의 몸을 닦아서 남을 편안하게 해주고 이를 통해 백성을 어루만져 주는 존재이다. 이처럼 현실생활 속에서 고상한 도덕과 탁월한 재능을 가진 지도자[군자]를 양성하는 것이 공자가 추구한 교육의 목적이었다. 군자는 도덕과 지식으로 무장한 인격자이므로, 공자의 교육은 궁극적으로 군자라는 인격체를 지향하는 인격교육에 해당한다.

서구 교육의 메카로 손꼽을 수 있는 곳은 단연 고대 그리스이다. 기원전 4~5세기, 그 곳에는 소크라테스와 플라톤이라는 위대한 교육사상가가 활동했다. 그 중 소크라테스는 별도의 저서를 남기지 않았는데, 대신 그의 사상은 플라톤의 저술을 통해 구체적으로 드러나 있다. 여기에서는 플라톤에 녹아 있는 교육관을 간략하게 제시해 본다(강선보 · 장지원, 2006).

플라톤은 그의 주요 저서인 『국가』에서 '정의로움의 구현'을 교육의 목적으로 두고 있다. 이 목적은 일반 개인을 위한 것과 최고통치자를 위한 것, 두 가지로 구분할 수 있다. 개인교육의 목적은 인간의 영혼이 정의로운 상태가 되도록 하는 것이고, 통치자교육의 목적은 '좋음'의 이데아를 보고 이를 통해 국가를 훌륭하게 다스릴 수 있는 지도자를 길러내는 일이다.

플라톤에 의하면, 국가는 생산자, 수호자, 통치자라는 세 계층으로 구분된다. 마찬가지로 개인의 영혼도 욕구, 격정, 이성이라는 세 가지로 나눌 수 있다. 플라톤은 영혼의 각 부류가 서로를 참견하거나 간섭하지 않는 한편, 참된 의미에서 자신의 것들을 잘 조절하고 스스로를 지배하며 통솔하고 또한 자기 자신과 화목한 상태를 개인의 영혼이 정의로워지는 것으로 묘사하고 있다. 이성, 격정, 욕구가 조화되어 각자의 역할을 잘 수행하는 상태가 바로 플라톤이 생각한 개인의 정의로움이었다. 그 세 가지는 개인의 성향에 따라 행동하며 다른 사람들의 일에 관여하지 않는다.

또한 통치자가 알아야 할 지식은 다름 아닌 '통치술'이다. 이 통치술의 목적은 삶의 궁극, 혹은 완전함, 인간의 행복에 있다. 즉 인간이 '좋음'을 행하는 데 그 목적을 둔다. 그러나 좋음은 '좋음 그 자체'라는 말 이상의 의미를 지닌다. 좋음은 정의, 용기와 같은 윤리적인 좋음의 일종일 뿐만 아니라, 모든 자연과 천상天上 사물들의 아름답고 조화로운 질서를 의미하는 이데아idea이다. 그것은 모든 개인이 똑같이 행복을 누릴 수 있는 사회를 건설하고, 사회적이고 행복한 인간을 만들며, 고결한 인격발달

[그림 8] 플라톤과 그의 제자들

을 도모하는 일이다(성기산, 2005: 165-166). 요컨대, 좋음은 개인의 영혼이나 국가 내에서 모든 사회 구성원의 조화와 행복을 보장하는 교육적 노력이다.

### (2) 중세 및 근·현대 서구의 교육관

그리스 로마시대 이후 서양의 중세사회는 대체로 게르만족의 이동으로 서로마 제국이 멸망(476년)한 때로부터 문예부흥이 일어나고 동로마 제국이 멸망(1453년)한 때까지의 약 천 년간을 말한다. 중세의 문화는 그리스 로마의 문화, 기독교 문화, 게르만 문화의 세 요소가 어우러져 형성되었지만, 기독교 문화가 가장 지배적이었다. 중세의 교육은 크게 기독교에 복무하는 기독교 교육과 세속 교육으로 나누어볼 수 있다. 특히, 중세 기독교 교육의 목표는 일차적으로 인간을 기독교에 순종하고 신앙심 깊은 인간으로 인도하는 것이었다. 그리하여 이들을 교회 공동체에서 종교적 활동을 하는 구성원으로 육성하여 천국의 시민이 될 수 있게 하는 것이다. 이러한 중세의 상황을 근대의 입장에서 '암흑'의 시대로 규정하기도 한다.

이후 15~16세기에 종교개혁과 르네상스 시기를 거쳐, 근대사회로 들어서면서 시대상황은 상당히 바뀌게 된다. 이른바, 귀족을 비롯하여 지배계급 중심의 사회에서 민주시민 사회로 전환되고, 근대과학이 발달하면서 인간의 사고방식은 필연적으로 바뀌게 되었다. 새로운 지적 태도와 정신은 시대가 직면하고 있는 혼란과 위기에 대한 해결책으로 새로운 교육을 요구하였다(오춘희, 2001: 24). 특히 17~18세기에 주목할 만한 교육사상가들이 활동하였는데 코메니우스, 로크, 루소, 칸트와 같은 철학자들이다.

코메니우스(J. A. Comenius, 1592~1670)는 "인간은 인간으로 살기 위해서는 교육을 받아야 한다"고 주장한다. 즉 인간에게 교육은 필연적이고 본질적인 것이다. 왜냐하면 인간은 다른 피조물과는 달리 교육에 의하여 하나님의 뜻을 깨닫고 그것을 위하여 살아갈 힘을 길러야 한다고 보기 때문이다. 이 교육은 범교육[汎教育; 汎智學 : pansophia]이다. 그 내용을 간략하게 말하면, "모든 아동이 교육을 받아야 하고 철저하게 받아야 하며 모든 것을 배워야 한다"는 것이다. 요컨대, 모든 사람들에게 전체적이고 완전한 진리를 쉽고 철저하게 가르치는 일이다.

[그림 9] 코메니우스의 『세계도해』 "학교" 부분

"인간은 백지다[Tabula Rasa]"라는 유명한 말로 잘 알려져 있는 로크(J. Locke, 1632~1704)는 "어린이의 생동성과 즐거움을 지속하게 하는" 교육을 주장하였다. 교육과정에서 생동성을 유지하기 위해서는 무엇보다 어린이의 개별적 성향을 잘 파악하여 가장 적절한 방법으로 다루어야 한다. 그것은 개별 경험을 권장하는 교육의 기본노선이 학습과정에 제대로 반영되게 하는 일이다. 학습은 자연스럽게 어린이에 맞게 진행되어야 하고, 학습에서 어린이에게 과중한 짐을 부여하거나 고통스러운 과제를 요구해서는 안 된다. 효과적인 교육은 놀이를 적극 권장하여 어린이들이 즐거운 마음 상태에서 긴장을 풀고 자발적으로 흥미를 일으키는 학습이다(고경화, 2001: 90-91; 김규성, 1993).

유명한 교육소설 『에밀*Emile*』을 쓴 루소(J. J. Rousseau, 1712~1778)의 경우, "교육은 인간의 자연스런 발전을 위한 조성작용이다"라고 하여, 인간의 자연성[본성 : nature]에 중점을 두었다. 즉 교육은 자연의 이법에 따라 개체의 발달을 지성적으로 조장하려는 인간만이 지닌 고유한 사업이다. 그리고 미성숙한 자연인을 자율적이고 독립적인 생활인으로 성장할 수 있도록 성숙한 교사가 미성숙한 학생을 육성하는 모든 작용이다.

ÉMILE,
OU
DE L'ÉDUCATION.
*Par J. J. ROUSSEAU,*
*Citoyen de Genève.*
Sanabilibus ægrotamus malis ; ipsaque nos in rectum genitos natura, si emendari velimus, juvat.
*Sen. de irâ. L. II. c. 13.*
*TOME PREMIER.*
*A LA HAYE,*
Chez JEAN NÉAULME, Libraire.
M. DCC. LXII.
*Avec Privilège de Nosseign. les Etats de Hollande & de Westfrise.*

[그림 10] 에밀의 초판본 표지

근대 관념론을 완성시킨 독일의 철학자 칸트(I. Kant, 1724~1804)는 "교육은 인간을 인간답게 형성하는 작용이다"라고 하여 도덕적 · 인격적 측면을 중시하였다. 그는 독일의 쾨니히스베르그대학에서 '교육학 강의'를 개설하여 직접 강의하고 교육학을 학문체계로 인정하기 시작하였다. 이 때 교육의 목표를 도덕적 인간형성에 두고 인격적 측면을 핵심으로 여겼다.

근대 교육학을 이론적으로 정립하였다고 평가받는 헤르바르트(J. F. Herbart, 1776~1841)는 구체적인 교육현상에서 출발하여 교육을 이해하고 규명하려고 노력하였다. 교육현상을 통해 교육학을 구성하는 기본개념을 정립하고 교육학 체계를 세웠던 것이다. 즉 교육현상을 관찰하고 반성하고 해석하는 작업을 바탕으로 교육이론을 정립하였다. 그것은 다름 아닌, "교육학은 실천철학[윤리학]과 심리학에 의존한다. 실천철학은 교육의 목적을 제시하고 심리학은 교육의 방법을 정해준다"는 그의 학문적 신념에서 확인된다.

이처럼 헤르바르트는 이전까지 논의되던 교육이론을 체계화하여 하나의 학문인 교육학을 수립한 것이다. 교육학의 고유한 개념들인 '교육, 수업, 훈육, 도야 가능성' 등을 찾아내고, 이를 기초로 교육목적을 제시하였다. 또한 교육방법과 관련된 교수학, 교육기관과 관련한 학교론, 학생과 연관한 교육인간학, 교사와 연관된 교사교육론 등, 다양한 이론을 체계화 하였다(김창환, 2004: 201). 여기에서 헤르바르트는 교육의 궁극목적을 인간의 품격형성에 두고 어린이에게 윤리적 감각을 일깨워줄 것을 당부한다. 즉 어린이는 윤리적 품성도야라는 목적실현을 위해 관리되고 교수되고 훈련되어야 한다(김정환 · 강선보, 2005: 31).

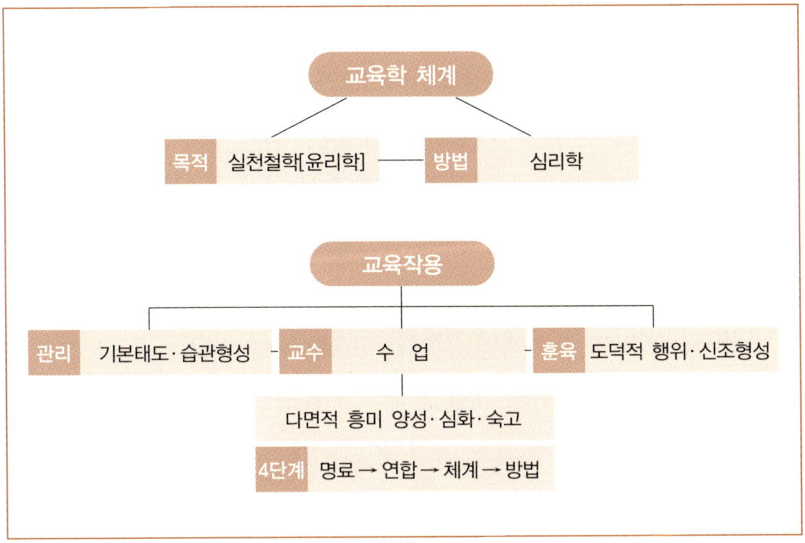


[그림 11] 헤르바르트의 교육학 체계와 교육작용

『독일국민에게 고함』이라는 고전으로 우리에게 널리 알려져 있는 피히테(J. G. Fichte, 1762~1814)는 '국민교육'을 주장한 것으로 유명하다(피히테, 1982; 정혜영, 2004). 그가 주장하는 국민교육의 목적은 근본적으로 '도덕교육'이다. 그것은 두 가지로 구분하여 설명할 수 있다. 하나는 모든 인간이 타고난 정신의 자유로운 활동성을 균형 있게 길러주어 완전한 인간으로 육성하는 '인간교육'이다. 다른 하나는 모든 국민들에게 국민의식과 조국애를 심어주는 '국민교육'이다. 그러나 이 둘은 본질적으로 동일한 뿌리를 지닌다.

프랑스의 저명한 사회학자이자 교육학자인 뒤르껭(E. Durkheim, 1858~1917)의 경우, 교육을 '사회화 과정'으로 중시하였다. 즉 개인은 타인과 상호작용하는 과정에서 인간이 된다. 사회는 개인 각자에게 사회의 여러 측면을 인식시킴으로써 사회 속의 개인, 즉 사회적 존재를 창조한다. 개인은 추상적인 사회일반에 사는 것이 아니라, 어떤 직업적 역할을 하고 특수한 환경에 살도록 구체적으로 운명 지워졌다. 따라서 교육은 아직 사회생활에 미숙한 아동에게 성인이 미치는 영향력의 행사이며, 그 기능은 아동들을 각자의 사회적 운명에 맞도록 적응시키는 일이다. 요컨대, 교육은 사회적인 것이다(뒤르껭, 1978: 193).

이외에도 러시아의 유명한 작가인 톨스토이(L. N. Tolstoi, 1828~1910)의 경우, 교육의 기초를 종교적인 가르침에 두었다. 이 때 '종교적'이라는 의미는 "삶의 의의와 그 사명을 명백하게 가르치는 일"이다(톨스토이, 2005: 417). 특히 톨스토이는 민중을 위한 『국민교육론』에서 자녀의 요구가 어디에 있는지 검토하지 않고, 일방적이고 독단적으로 예정된 내용을 주입시키는 교육을 비판하였다(톨스토이, 1964). 그는 사람의 용모가 제각기 다른 것처럼 개성도 독자적이라고 보았다. 그러므로 이러한 독자적 개성을 지닌 사람에 대하여 획일적이고 강제적으로 예정된 내용을 주입하려는 것은 교육이 아니라 개성 그 자체의 파괴이다. 따라서 교육의 근본 취지는 아동의 삶 자체에 대한 관심을 개발하고 인생이 아동에게 제시하는 문제를 아동과 더불어 해결하는 데 있다고 생각했다.

[그림 12] 서재에서의 존 듀이

20세기에 들어와서도, 교육에 대한 여러 관점들이 많이 제기되었다. 미국

철학의 바탕을 형성한 듀이(J. Dewey, 1859~1952)의 경우, 생활과 경험을 매우 강조하며, 다음과 같이 다양하게 정의하기도 하였다.

- 교육은 생활이다.
- 교육은 성장이다.
- 교육은 사회화 과정이다.
- 교육은 축적된 경험의 재구성이다.

영국의 수학자이자 이론물리학자이며 과정철학자였던 화이트헤드(A. N. Whitehead, 1861~1947)의 경우에는 "학생들은 활기찬 삶을 살아간다. 교육의 목적은 그러한 학생들의 능력개발을 북돋아주고 이끌어주는 데 있다"라고 했다. 그러면서 다음과 같이 교육을 설명한다.

- 교육이란 지식의 활용법을 체득하게 하는 일이다.
- 교육이란 매분, 매시, 세밀한 것들을 습득케 하는, 참을성을 필요로 하는 과정이다.
- 교육의 요체는 학생들에게 나무를 통해서 숲 전체를 이해하게 하는 데 있다.

독일의 슈프랑거(E. Spranger, 1882~1963)의 경우는 문화적 측면을 중시하면서, "교육은 성숙한 사람이 미성숙한 사람을 자연적 상태에서 이상적 상태로 끌어올리기 위해 의미 있고 구체적이며 계속적으로 문화재를 부여하는 문화작용이다.” 그러므로 “교육은 문화의 전달 · 유지 · 번식 · 발전 · 창조이다”라고 보았다.

독일의 정신분석학자이자 사회철학자인 프롬(E. Fromm, 1900~1980)은 소유와 존재의 측면에서 교육을 규명하였다(E. Fromm, 1986: 55-81). 예컨대, 소유 · 생존하는 양식을 가진 학습자들은 강의를 열심히 듣고, 강의내용에 등장하는 어휘들을 놓치지 않고 그 내용의 논리적 의미를 이해하여, 가능한 한 하나의 단어도 빠뜨리지 않고 노트에 필기한다. 그들은 오로지 하나의 목표, 자기들이 배운 것을 굳게 지키려고 한다. 나중에 시험에 합격하거나 필요할 때 기억에서 끄집어내어 쓰기 위해서 이들은 무언가 새로운 것을 생산하거나 창조하지 않아도 되고, 오히려 새로운 사상이나 관념에 부딪치면 당황한다.

그러나 ‘존재양식’을 맺고 있는 학습자의 경우, 열심히 강의를 들으면서 자신의 사고과정을 자극한다. 그리하여 새로운 의문, 새로운 관념, 새로운 전망이 그들의 마음에 생겨나게 한다. 프롬은 사람들에게 지식을 소유물이 되도록 훈련하려고 노력하고, 그것은 나중에 소유하게 될 재산이나 사회적 특권이 되도록 하는 교육을 비판한다.

20세기 후반 영국 교육철학의 선구자로 알려져 있는 피터스(R. S. Peters, 1919~ )는 교육은 가치 있는 활동들 또는 사고와 행동양식으로 사람들을 입문시키는 성년식으로 보았다(R. S. Peters. 1994; 이홍우, 1991: 76-77). 그것은 교육의 개념에 논리적으로 포함되어 있는 세 가지 기준을 충족시켜야 한다. 세 가지 기준은 다음과 같다.

첫째 교육은 가치 있는 것을 전달함으로써 그것에 헌신하는 사람을 만든다는 뜻을 가지고 있다[규범적 기준].

둘째 교육은 지식과 이해, 그리고 모종의 지적 안목을 길러주는 일이며 이런 것들은 무기력한 것이어서는 안 된다[인지적 기준].

셋째 교육은 교육받은 사람의 의식과 자발성을 전제로 한다는 점에서 전달과정은 교육의 과정으로 용납될 수 없다[과정적 기준].

### (3) 한국 전통사회의 교육관

우리나라의 경우, 교육은 유교儒教사상이 핵심을 차지한다. 유교는 고대 삼국시대부터 전래되었는데, 그것은 고유사상이나 불교 등과 융합되어 교육적 특질을 드러낸다. 신라시대, 고승인 원광(圓光, 555~638)은 세속오계를 통해 교육의 모습을 구체적으로 보여준다.

* 세속에서 지킬 수 있는 다섯 가지 계율은 다음과 같다.

첫째, 임금 섬기기를 충성으로 하라[事君以忠].
둘째, 어버이 섬기기를 효도로 하라[事親以孝].
셋째, 친구 사귀기를 믿음으로 하라[交友以信].
넷째, 전쟁에서 물러서지 마라[臨戰無退].
다섯째, 생명 있는 것을 죽이되 가려서 하라[殺生有擇].
(『三國遺事』 卷4)

다섯 가지 계율 중에서 앞의 네 가지는 그 뜻을 이해할 수 있다. 그런데 다섯째, "생명 있는 것을 죽이되 가려서 하라"는 계율은 이해하기가 쉽지 않다. 이것은 다른 무엇보다도 한국의 고대교육을 이해하는 데 중요한 사유이다.

원광법사의 가르침은 이러하다(『三國遺事 卷4』). 제삿날과 같이 엄숙한 때와 봄·여름과 같이 만물이 소생하는 시기에는 살생하지 않아야 한다. 이것은 '때'를 가리는 일이다. 집에서 부리는 소중한 가축을 죽이지 않아야 한다. 예를 들어, 말·소·닭·개와 같은 것은 생활에 필수적인 동물이므로 함부로 잡아먹거나 죽여서는 안 된다. 이것은 '물건'을 가리는 일이다. 이처럼 '때'와 '물건'을 가리는 작업은 교육의 핵심이다. 아동에게는 아동에 맞는 가르침이 어른에게는 어른에 맞는 가르침이 있듯이, 원광법사는 모든 사물에 대해 때와 물건을 합당하게 선택하는 일을 강조했던 것이다. 이 계율은 훗날 화랑도의 교육, 생활지침이 되었다고도 전해진다.

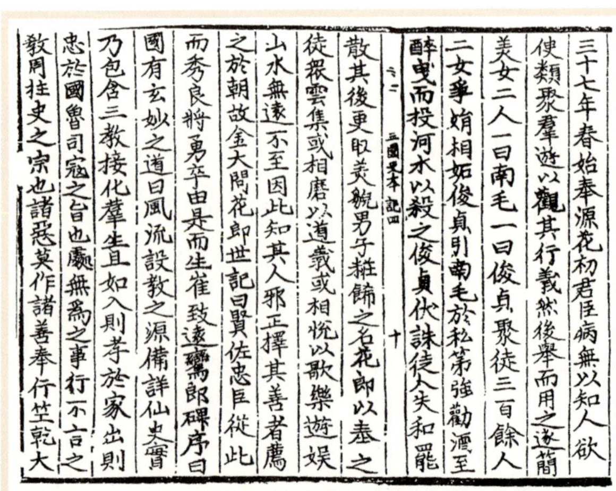
三十七年春始奉源花初君臣病無以知人欲
使類聚羣遊以觀其行義然後擧而用之遂簡
美女二人一曰南毛一曰俊貞聚徒三百餘人
二女爭娟相妬俊貞引南毛於私第強勸酒至
醉曳而投河水以殺之俊貞伏誅徒人失和罷
散其後更取美貌男子粧飾之名花郎以奉之
徒衆雲集或相磨以道義或相悅以歌樂遊娛
山水無遠不至因此知其人邪正擇其善者薦
之於朝故金大問花郎世記曰賢佐忠臣從此
而秀良將勇卒由是而生崔致遠鸞郎碑序曰
國有玄妙之道曰風流設敎之源備詳仙史實
乃包含三敎接化羣生且如入則孝於家出則
忠於國魯司寇之旨也處無爲之事行不言之
敎周柱史之宗也諸惡莫作諸善奉行竺乾太

[그림 13]『삼국사기』의 화랑도와 풍류를 소개한 부분

이후 고려시대의 안향(安珦, 1243~1306)이 성리학을 도입한 이후, 유학이 절대적 영향력을 발휘하면서, 유교 중심의 교육관이 자리 잡게 되었다. 조선시대의 대표적 유학자인 율곡 이이(李珥, 1536~1584)는 "교육은 삶과 동떨어진 특별한 일을 추구하는 것이 아니다. 부모는 자식을 사랑하고 자식은 효도하며, 신하는 임금에게 충성하고, 부부는 각자의 역할에 따라 분별이 있고, 형제는 우애하고, 어린이는 어른을 공경하며, 친구 사이에는 신의가 있는 삶의 기본도리일 뿐이다"라고 하였다. 즉 일상생활에서 기본예절을 습득하여 실천하는 일이 교육의 핵심이었다. 아래 글씨에서 볼 수 있듯이, 율곡은 스스로 교육과 학습에 임하는 자세를 늘 가다듬었다고 한다.

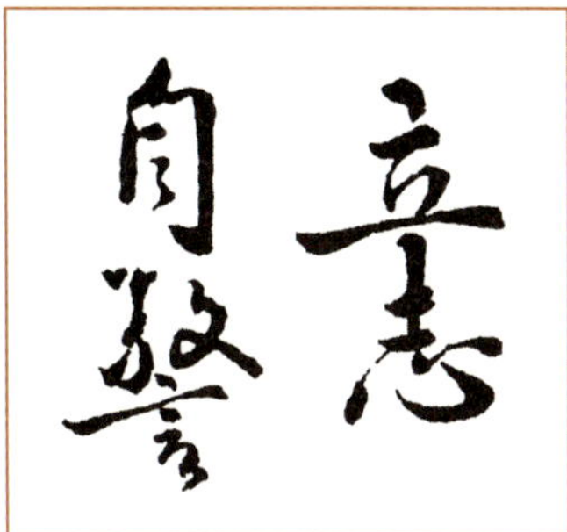

- **자경**自警 : 스스로 경계한다.
- **입지**立志 : 뜻을 세운다.

[그림 14] 율곡 이이의 친필

그리고 임진왜란 이후, 조선 후기에는 새로운 학풍의 유학[이른바 '실학']이 일어났는데, 다산 정약용(丁若鏞, 1762~1836)이 대표적 지성이다. 정약용은 이전의 성리학자들과 다른 학문 특징을 보이는데, 인간의 본성을 '내 마음이 좋아하는 것'이라고 하는 유명한 성기호설性嗜好說을 주장한다. 성기호설은 인간의 본성이 '선이냐 악이냐'라는 차원이 아니고, 자주적 능력으로 삶을 순간순간 결정한다는 것이다. 자주적 인간의 능력을 전제할 경우, 인간의 선천적 차별을 정당화할 수 있고, 그 자주성이 갖는 인간에 대한 이해를 받아들일 경우, 교육에 대한 이해 또한 매우 유연하게 받아들일 수 있다(김경태, 1996).

정약용은 이러한 인간이해에 기반하여, 교육에 대해 포괄적 관심을 갖고, 교육의 내용 측면에서 효孝·제弟·자慈를 중시하였다. 정약용이 교육의 핵심내용으로 내세운 효孝는 자식이 부모에게 행하는 가장 중요한 예이다. 다시 말하면, 아래 사람이 윗사람을 향해 실천하는 기본적 예절로 우리 생활의 핵심적 가치를 형성한다. 제弟는 공경을 총체적으로 일컫는 말로, 인간과 인간 사이에, 형과 아우라는 상하-수평적 관계에서 행해지는 가장 중요한 예이다. 그리고 자慈는 부모가 자식에게, 윗사람이 아랫사람에게 베푸는 가장 성스러운 예이다. 이런 인식 아래 정약용은 "모든 사람이 부모에게 효도하고 어른을 공경하여 모실 때, 이 세상이 평화롭게 된다"라고 한 맹자의 말을 인용하여 다른 사람과의 관계를 이해하고, 인간 사이의 화목과 친애를 매우 중시하였다. 이처럼 정약용에게서 교육은 효도와 공경과 사랑이라는 범주를 넘어서지 않는다.

이후, 개화기와 일제시기를 거치면서 교육은 민족의 부국강병富國强兵과 자립자강自立自强 등 주체의식을 기르는 데 온 힘을 쏟으며 진행되었다. 이 때 활동한 민족 선각자들을 들어보면 서재필, 윤치호, 유길준, 장지연, 박은식, 이동휘, 이기, 이용익, 오세창, 안창호, 최남선, 이승훈, 이상재, 남궁억 등 이루 헤아릴 수 없을 정도이다. 이들은 언론과 저서, 사회활동을 통하여 교육의 중요성을 일관되게 강조하였다(이문원, 2002).

지금까지 여러 사상가들을 통해 살펴본 것처럼, 교육을 설명하는 방식은 다양하다. 동서고금을 막론하고, 교육은 인간을 대상으로 한다. 그리고 바람직한 인간의 성숙과 성장을 고민하고, 궁극적으로 인류사회의 평화를 염원한다. 그것은 인간사회의 건전한 형성과정이자 학습이요, 문화의 건설작용이다. 이 때 바람직함은 올바름, 적절함, 합당함, 참됨, 진선미眞善美, 지덕체智德體 등 다양한 말로 표현할 수 있다.

## 생각해 볼 문제

01 교육의 어원에서 볼 때, 동아시아의 교육敎育과 서구의 페다고지pedagogy는 어떤 점에서 유사합니까? 차이가 있다면 그것은 무엇입니까?

02 교육을 정의하는 다양한 방식을 참조하여 나의 교육관을 제시하시오.

"교육은 ________________________ 이다."

03 본 장에서 다룬 교육의 개념과 정의에 비추어볼 때, 한국의 교육, 특히 초·중등학교에서 이루어지는 교육은 어떤 모습인지 설명하고 비판하시오.

Chapter 2

# 교육의 본질과 작용

1. 개 요

2. 교육의 본질적 기능

3. 교육작용의 이해

# SECTION 1 개 요

교육은 일상 속에서 살아 움직이는 삶 자체이다. 그것은 우리 생활 속에서 끊임없이 지속되는 역동성을 지니고 있기에, 우리들 자신과 동떨어진 객관적 현상일 수 없다. 따라서 우리가 아무리 교육의 본질과 당위, 그 작용에 대해 정의를 내리고 해답을 찾는다고 하더라도, 그것은 삶에서 이루어지는 교육 자체보다 진실일 수는 없다(정순목 · 김인회, 1982: 19). 그런 점에 착안하여 교육의 본질과 그 작용에 대한 구명이 필요하다.

인간은 왜 교육을 필요로 할까? 그 이유는 전혀 교육받지 못한 인간의 삶, 다음과 같은 극단적 사례를 통해 그 대강을 유추할 수 있다.

**❤사례 1**

1795년 남프랑스의 아베롱Aveyron의 삼림 속에서 11~12세 정도로 보이는 한 소년이 잡혔다. 소년은 겉모습만 인간의 형태를 갖추었지 짐승과 다름없었다. 소년은 파리로 옮겨져 이타드(Itard, 1775~1838)라는 청년 의사에게 맡겨졌다. 산림에서 격리되어 살아서 그런지, 소년의 감각기능은 전혀 작동하지 않을 정도였다. 눈동자는 끊임없이 움직였으며, 귀는 여러 가지 소리를 들려줘도 무감각이었고, 입은 벙어리 상태로 간혹 짐승의 소리를 낼 뿐이었다. 지능도 매우 낮았고 기억력이나 판단력, 사고력도 거의 없었다. 그러나 이타드는 그 소년을 헌신적으로 양육하고 교육하였다. 그 결과 감각기능을 재생하는 데 성공했다.

### ❤사례 2

1920년, 선교사업을 하던 싱Singh 목사 부부가 인도의 늑대굴에서 2세, 8세 정도의 두 여자 아이를 발견하였다. 여자 아이들은 모습만 인간일 뿐, 행동은 늑대와 흡사했다. 네 발로 기어다니고 생고기만 뜯어먹으며 늑대 소리를 내고 어두운 곳을 좋아했다. 목사 부부는 두 아이를 데려다가 아말라Amala와 카말라Kamala라는 이름을 지어주고 정성껏 길렀다. 그러나 아말라는 1년 이내에 죽어버렸고 카말라는 9년 후에 죽었다. 카말라는 9년 동안 양육되면서 인간의 행동을 하기까지 무척 힘들어 했다. 늑대의 행동을 인간의 행동으로 바꾸는 데는 처음 태어난 백지상태에서 문화를 배우는 것보다 더 오랜 시간이 걸렸다. 두 손으로 그릇을 잡는 데만 1년 반, 꼿꼿이 설 수 있는 데 1년 반이 걸렸다. 9년 동안 배운 언어도 5세 정도에 지나지 않았다.

### ❤사례 3

1931년 프랑스의 인류학자 벨라드Vellard는 남미 파라과이의 산중에서 수천 년 전 석기생활을 하고 있는 구아야키Guayaki 토인족의 어린아이를 발견하였다. 벨라드는 아이를 자기 집으로 데려와서 이본Yvonne이라 이름 짓고 자신의 양녀로 삼아 좋은 사회문화적 환경 속에서 교육을 시켰다. 그랬더니 그 아이는 20세 때 우수한 성적으로 페루의 피바 아구에로Piva Aguero 대학을 졸업하였고, 이후 훌륭한 인류학자가 되었다.

동아시아의 유명한 경전인 『예기禮記』에 다음과 같은 말이 있다.

* 거친 옥돌은 다듬지 않으면 매끌매끌한 그릇이 되지 않고, 사람은 배우지 않으면 인간의 길이 무엇인지 알지 못한다.

이처럼 교육은 '사람을 사람답게' 만드는 유일한 길이다. 인간의 삶에서 가장 중요한 것은 무엇일까? 율곡 이이가 말한 것처럼, 입지立志일 것이다. 그것은 어떻게 살 것인지에 대한 자의식이다. 공부는 왜 하는가? 무엇 때문에 교육이 필요한가? 나는 어떤 사람이 되기를 소망하는가? 인간의 사람다움을 제대로 실현하는 과정이 바로 교육이라는 제도적 장치이다. 교육의 지속은 전체 삶을 학습의 장으로 만든다. 그리하여 일생동안 자기성장을 유도하는 평생교육[Life-long education]이자 삶의 동기부여 역할을 한다. 이렇게 지속적인 교육을 왜 해야만 하는가?

교육은 넓은 의미에서 '인간됨'을 지향한다. 인간됨의 모습은 다양하게 드러나는데, 그 포괄적 이미지는 '교육이념[Educational Idea]'에 담겨 있다. 교육은 교육이념에 따라 교육목적과 교육목표를 제시하고 구체적으로 실천된다. 특히, 한 국가와 민족에게서 교육이념은 교육을 총괄적으로 조망하여 상징적으로 설정되며, 국가와 민족이 나아가야 할 방향을 지시한다.

본 장에서는 교육의 본질적 측면에서 교육의 필요성을 살펴보고, 교육이 어떤 작용을 통해 인간의 세계를 변화・발전시키고, 지속 가능한 사회를 추구하는지 설명해 본다.

# SECTION 2 교육의 본질적 기능

## 1) 인간의 교육가능성과 한계성

교육의 기능과 역할, 필요성을 살펴보기에 앞서, 깊이 생각해 볼 문제가 있다. 인간의 성장과 발전, 교육은 어떤 요인들이 영향을 미치느냐에 따라 그 역할과 기능, 필요성이 달라질 수 있다. 선천적 요인이나 후천적 요인, 자연적 요인이나 사회적 요인, 물질적 요인이나 정신적 요인, 행동이 자발적이냐 타율적이냐에 따라 교육 자체의 본질적 기능을 다르게 생각할 수 있다(徐厚道, 2003).

인간의 교육에 영향을 미치는 기본요소는 유전적 요인과 환경적 요인이다. 인간이 태어났을 때, 어떤 조치가 필요한가? 특히 신생아는 전적으로 의존적 상태에서 세상에 나온다. 태어난 직후, 생존을 위한 노력과 생존에 필요한 적응체제를 형성하고, 그것을 더욱 발전시키는 데 시간을 보낸다. 이것이야말로 유전적 힘을 바탕으로 환경과 어울리는 최초의 장면이다.

그런데 모든 인간의 삶이나 능력이 태어나면서 유전적으로 결정되어 있다고 주장한다면, 교육은 어디에서 그 필요성을 찾을 수 있을까? "인간의 성격은 변하지 않는다"고 믿는 쇼펜하우어(A. Schopenhauer, 1788~1860)와 같은 비관주의 철학자들은, 교육의 효과를 과소평가한다. 왜냐하면 인간의 능력은 선천적으로 유전적 요인에 의해 결정되어 있다고 보기 때문이다. 유전학적 결정론자들에게 인간은 전반적으로 이미 예정되어 있는 존재이다. 따라서 인간의 성장을 위한 교육은 의미 없는 작업이다.

반면, 앞에서 언급한 로크나 칸트, 공자나 율곡과 같은 학자들은 교육을 적극적으로 주장한다. 로크의 경우, 인간은 태어날 때 아무것도 쓰여 있지 않은 백지와 같은 상태로 보고, 교육을 통해 학습경험을 채운다. 그것은 교육이 인간 삶의 모든 것을 가능하게 할 수 있는 지나친 낙관주의로 흐를 수 있다.

그런데 교육은 비관주의적 관점이나 낙관주의적 관점 어느 하나로 흐를 때, 오류의 가능성이 있다. 따라서 인간에게 주어지는 유전적·환경적 요인을 깊이 고려해야 한다. 그것은 인간의 발달 과정에서 이루어지는 교육의 핵심사안이 될 수 있다. 그러기에 교육에서 신체의 발달, 지능, 사회성, 정서, 도덕성의 발달 등 전반적 영역을 심사숙고해야 한다.

특히, 인간의 신체적·정신적 기능의 잠재능력인 소질은 유전적 성향이 있다. 이중에서도 인종, 성별, 눈동자의 색깔 등 육체적 특성은 환경이 바뀌어도 달라지지 않는다. 정신적 능력도 유전형질에 의해 결정되는 부분이 많다. 타고난 디엔에이DNA 구조를 바꿀 수는 없다. 문제는 후천적 환경에 의한 영향이다. 앞의 늑대 소녀를 비롯한 몇몇 사례에서도 보았듯이, 가정환경이나 사회문화적 환경은 인간의 성장에 주요한 영향을 미친다. 그렇다고 교육에서 환경적 요인이 유전적 요인보다 결정적이라고 단정하기는 어렵다.

분명한 점은, 유전적 요인은 교육에서 심각한 한계를 제시한다. 대신 환경적 요인은 상당 부분 극복할 수 있고 변화시킬 수 있다. 여기에서 교육의 가능성이 적극적으로 옹호된다. 때문에 교육의 역할과 기능, 필요성을 살펴보고, 그 의미를 찾아야 한다.

**❤참고자료 2 : 후천적 교육환경의 중요성 – 맹모삼천지교孟母三遷之教**

맹자는 가난한 선비의 집안에서 태어났다. 아버지를 일찍 여의고 홀어머니 밑에서 자랐다.

맹자가 처음 살던 집은 공동묘지 근처였다. 어린 맹자는 눈에 보이는 대로, 상여를 메고 가는 시늉과 상여꾼들이 노래 부르는 흉내를 내었다. 그리고 땅을 파고 관을 묻은 다음, 둥그렇게 봉분을 만드는 그런 장난을 하며 놀았다. 이를 지켜본 맹자의 어머니는 "여기는 자식 기를 만한 곳이 못되는구나!" 라고 생각하고 이사를 하였다.

이사를 간 곳은 시장 근처였다. 그러자 맹자는 장사꾼들이 장사하는 흉내를 내며 놀았다. "여기도 역시 자식 기를 만한 곳이 못되는구나!" 하고 맹자 어머니는 생각하고, 다시 이사할 결심을 하였다.

여러 가지로 생각한 끝에 이번에는 글방[학교] 근처로 집을 옮겼다. 그러자 맹자는 학생들의 공부하는 모습과 생활상의 예법과 예의를 갖추고 인사하고 행동하는 광경들을 일일이 흉내 내며 놀았다. 그 모습을 보고서야 맹자 어머니는 흡족해 하며 "여기가 진정 자식을 두고 기를 만한 곳이로구나!" 하고, 글방 근처에 자리를 잡고 살았다.

이것이 맹자의 어머니가 세 번이나 이사를 다니며 교육을 실천했다는 맹모삼천지교孟母三遷之教의 모습이다. 줄여서 맹모삼천孟母三遷이라고도 한다.

– 『列女傳』에서

## 2) 교육의 기능과 역할

제1장에서도 간략하게 소개하였던 조선시대 유학자 율곡 이

이는 교육의 중요성을 다음과 같이 말하였다.

* 사람이 이 세상을 살아가면서 교육[學問; 배움]을 하지 않으면 바른 사람이 될 수 없다.

이 말은 '교육 = 바른 사람', 즉 '사람이 되는 길'로 이해한 것이다. 이 때 교육은 특별한 것이 아니다. 특히, 우리 인간의 삶과 동떨어진 것이 아니다. 부모는 자식을 사랑하고 자식은 효도하며, 형제는 우애를 지키고, 젊은이는 어른을 공경하고 어른은 젊은이들을 포용하며, 친구 사이에는 신의를 지키는 그런 삶의 도리들이다. 그런데 이런 생활의 도리나 윤리도 모른다면 어떻게 해야 하는가? 배워야 한다. 교육은 그렇게 시작되었다.

율곡 이이를 통해 볼 때, 우리의 전통교육은 그런 상황에서 강조되었던 것으로 추정할 수 있다. 그런 까닭에 율곡은 "배우지 않은 사람은 마음이 꽉 막혀서 학식과 견문이 어둡게 된다. 그러므로 반드시 책을 읽고 이치를 연구하여 인간으로서 마땅히 행하여야 할 도리를 밝혀야 한다. 그렇게 하여 학문의 올바름을 얻어 깊은 경지에 도달하고 실천하면 일상생활을 합리적으로 운용할 수 있는 방법을 터득하게 될 것"이라고 주장했다.

독일의 철학자 칸트도 그의 『교육학 강의』에서 "인간은 교육을 필요로 하는 유일한 동물이다"라고 하였다(김정환 · 강선보, 2005: 30; Kant, 2003; 김영래, 2003; 김병옥, 1986). 인간의 삶은 개나 소, 말과 같은 짐승과 달리, 앞 세대에서 경험한 것을 다음 세대에게 의도적으로 계승하는 일종의 교육작용이다. 이런 차원에서 인간은 '교육적 동물[educational animal]'이다. 그렇다면 왜 인간에게 교육이 필요한 것일까? 인간은 교육을 통하여, 무엇을, 어떤 이상을 추구하는가?

인간에게 교육이 필요한 이유는 인간의 특성과 관련된다. 칸트는 짐승과 인간을 비유하면서 이렇게 말하였다. "짐승은 이미 그의 본능에 의해 모든 것이 갖추어져 있다. …… 그러나 인간은 자기 자신의 이성을 필요로 한다. 인간은 본능을 갖고 있지 않으므로 자기의 행동계획을 스스로 세워야 한다." 인간은 본능

**❤참고자료 3 : 칸트의 초상화 및 『교육학 강의』 내용의 일부분**

- 인간은 교육을 받아야 하는 유일한 피조물이다. 우리는 교육이라는 말을 양육[Wartung : Verpflegung, Unterhaltung], 훈육[Disziplin : Zucht], 그리고 교수[Unterweisung] 또는 양성[Bildung]의 의미로 이해한다. 이에 따라서 인간은 차례로 유아[Saugling]-아동[Zogling]-학생[Lehrling]이 된다.
- 인간은 교육[Erziehung]을 통해서만 인간이 된다. 인간은 교육이 만들어 낸 것에 불과하다. 인간은 교육받은 인간을 통해서만 동일한 양식으로 교육된다는 것은 주목할 점이다. 때문에 어떤 사람들에게 훈육과 교수가 결핍되면, 그들은 다시 어린 세대들에게 결함 있는 교사가 되는 결과를 초래한다. 만약 보다 높은 종류의 존재가 우리의 교육을 떠맡는다면, 우리는 인간이 무엇이 될 수 있는지를 볼 수 있게 될 것이다.
- 교육이란 한편으로는 인간을 가르치고, 다른 한편으로는 인간의 타고난 소질들을 발달시키는 것을 의미한다.

적으로, 혹은 선천적으로 삶에 필요한 모든 것을 지니고 있지 않으므로 교육을 통해 그것을 충족해야 한다. 교육은 바로 이런 상황에서 출발하는 인간의 고유한 특징이다.

### 3) 교육의 필요성 1 : 장기간의 준비와 성숙

인간은 태어날 때 인간으로서 살아갈 수 있는 모든 조건을 갖추고 탄생하지 못했다. 출생 때부터 여러 가지가 부족한 상태에서 미성숙하게 태어났다. 그러므로 인간으로서 제대로 살아가기 위해서는 부족한 것을 채우기 위해 '오랜 기간의 준비가 필요하다.' 이것이 인간이 교육해야 하는 첫 번째 이유이다(김정환·강선보, 2005: 56).

동물의 경우, 몸집은 작지만 거의 성숙한 상태의 개체로 출생한다. 예컨대, 송아지는 어미 소에서 태어나자마자 네 다리로 일어나서 어미의 젖을 빨고, 얼마 지나지 않아 걷고 뛰어다니며 풀을 뜯어먹고 독립적인 생활을 한다. 그리고 2년 정도 지나면 완전한 어미 소가 된다. 사람으로 본다. 2살 때에 완전히 어른이 되는 것이다.

하지만 인간은 태어날 때, 아주 연약하고 불완전한 상태에서 세상에 나온다. 갓 태어난 아이는 손발이 있어도 그 기능을 제대로 발휘하지 못한다. 서서 걷는 데도 1년 가까이 걸린다. 가정이나 사회에서, 교양 있는 문화인으로 또는 직업을 갖고 제대로 살아가려면, 인간은 적어도 20여 년의 세월을 양육해야 한다. 그 세월 동안 인간으로서의 구실을 할 수 있도록 신체적 발육과 건강한 체력을 준비하는 것이 바로 교육이다(徐厚道, 2003: 47).

인생은 장기간의 준비와 노력을 통해 인격을 완성해 나가는 일련의 과정이다. 이 때의 의지와 노력은 태어나서 죽을 때가지 평생 동안 진행된다. 그런 점에서 교육은 기본적으로 평생교육이다. 위에서 송아지와 비교하며 살펴보았지만, 인간은 출생에서 성숙에 이르는 기간이 다른 어떤 동물보다도 길다. 성숙한 후에도 죽음에 이르기까지 삶의 과정에서 지속적으로 가치의식을 품고 성장을 계속해야 한다.

그것을 추진하는 원동력이 교육이다. 선천적으로 지니고 있는 내적 발전가능성과 후천적으로 이루어지는 교육에 의해 성장의 정도는 달라진다. 왜냐하면 인간은 선천적으로 타고난 가능성, 이른바 '자질'을 지니고 있고, 이를 가치 있는 방향으로 계발하려는 자발적 활동성을 지니고 있으며, 동시에 외부와의 상호작용과 도움을 통해, 보다 완전한 의미에서의 자기실현이나 인격완성을 꾀하는 존재이기 때문이다.

특히, 성숙을 향한 노력, 그 준비기간에는 육체적 측면의 양육과 건강은 물론, 정신적 측면의 교육이 매우 중요하다. 감각, 지각, 기억, 사유, 상상, 의지력과 흥미, 기질, 성격과 같은 심리적 발달은 교육을 통해 촉진되어야 한다. 그리하여 우리 인간이 지나온 과거의 발자취와 현재 우리가 살아가고 있는 현실의 문화 특징이 무엇인지 알아야 한다. 그리고 이를 바탕으로 현재와 미래에 훌륭한 문화를 획득하고 즐길 수 있는 인격을 갖추어야 한다.

### 4) 교육의 필요성 2 : 가치지향성

인간에게 교육이 필요한 두 번째 이유는, '인간은 가치를 지향한다'는 점이다(김정환 · 강선보, 2005: 56).

동물은 본능에 따라 행동한다. 그러기에 고상한 가치나 진리에 대한 감각이 없다. 하지만 인간은 다른 어떤 생리적 욕구보다도 나름대로 꿈꾸는 이상이 있고 추구하는 가치에 집착한다. 인간은 단순하게 주어진 낮은 차원의 가치체계에 만족하지 않고, 현실에 존재하지 않는 높은 차원의 새로운 가치체계를 희구한다. 또한 남이 만들어놓은 것에 만족하지 않고 자기 스스로 만족할 만한 일들을 찾아 나선다. 어제의 것에 만족하지 않고 내일의 것을 희구하면서 도전하고 모험하며 한 차원 높은 삶을 추구한다. 인류의 모범이 되고 있는 예수나 석가모니, 마호메트나 공자, 소크라테스 같은 세계의 위대한 성인들은 온갖 고통을 겪으면서도 진리와 인간의 진정한 가치를 찾아 나섰다. 그리고는 감각적 가치, 생명적 가치, 정신적 가치를 거쳐 드디어는 종교적 가치를 지향하였고, 거기에서 인간의 삶에 빛이 될 만한 진리를 던져주고 있다.

교육은 바로 이런 가치의 추구와 진리의 발견을 위한 징검다리다. 왜냐하면 인간은 교육을 통해 자연의 법칙과 삶의 관계를 이해하고, 보다 높은 차원의 가치체계를 꿈꿀 수 있기 때문이다. 그러기에 교육은 인간의 삶에서 보편적이며 절대적으로 요청된다.

### 5) 교육의 필요성 3 : 문화 경험의 전달과 재획득

인간에게 교육이 필요한 세 번째 이유는, '인간은 삶의 양식인 문화의 내용을 전달하고 재획득한다'는 점이다(김정환 · 강선보, 2005: 56-57).

동물은 인간과 달리 본능에 의해 살아간다. 그들 나름대로의 신호체계가 있는지는 모르지만, 인간처럼 말과 글, 제도, 법과 같은 문화가 없다. 문화는 인간에게 가장 소중한 삶의 방식이다. 인류가 오랜 동안 쌓아온 지식, 기능, 태도, 법률, 습관 등 생활양식의 총체이다. 이러한 문화를 통해 인간은 인간임을 확인한다. 문화는 단순하게 어떤 집단에서 다른 집단으로 넘겨지는 도구나 기계의 차원을 넘어서 있다. 그것은 삶의 경험이 녹아 있는 행동양식이다. 그러므로 그것을 체험하고 체득한 집단, 즉 문화를 공유하고 있는 사람들에 의해서 전달되고 다시 획득된다.

예컨대, 김씨가 이씨에게 음식을 줄 수는 있다. 이 때, 김씨가 그 음식을 씹어서 이씨에게 준다고 해도 이씨에게 영양이 되고 이씨의 몸에 이로운 영양으로 만들어줄 수는 없다. 그 음식을 자기 몸의 피와 살이 되게 만드는 것은 결국 이씨이다. 이처럼 문화는 그것을 즐기는 각 개인의 몸을 통해서 체득된다.

이러한 문화는 인간경험의 총체이다. 그러므로 문화를 전달하고 습득하는 일은 인간경험의 전달이다. 경험의 전달은 공동체의 입장에서 볼 때, 미래 세대에게 공동체의 과업을 완수하게 하는 동시에, 개인의 입장에서는, 공동체 내에서 자립적으로 살아갈 수 있게 한다(이규호, 1977: 30). 동물은 현재 세대의 소중하고 의미 있는 경험을 미래 세대에게 전달하는 작용이 없다. 그러나 인간은 자신의 경험을 타인에게, 혹은 미래 세대에게 전달하며 교훈으로 삼게 한다. 그것은 역사를 통해 지속되고 반복된다. 그렇다고 문화의 전달이 단순히 문화를 답습하는 차원에 그쳐서는 안 된다. 교육은 인류의 경험인 문화유산을 과거 세대로부터 물려받아 미래 세대에 전달해야 하며, 부족한 것은 개선하고 더 나은 방향으로 개조해야 한다. 즉 문화유산을 다음 세대에게 계승·유지하게 하고, 나아가 그들의 내면적 각성을 통해 확충·발전시키는 기능을 한다. 교육은 바로 인간이 축적한 문화와 경험을 역사를 통해 전달하고 비판하는 디딤돌이다.

### 6) 교육의 필요성 4 : 능력의 훈련, 습관의 형성, 문제해결, 자극과 격려

이외에도 교육은 인간의 능력을 훈련하고 습관을 형성하며, 문제해결 능력의 배양은 물론, 삶의 자극과 격려에도 기여한다.

먼저, 능력의 훈련 측면에서 보면 인간은 기억, 추리, 의지, 감성 등 다양한 능력 요소를 지니고 있다. 교육은 이러한 능력을 최대한 끌어올리는 기능을 한다. 일반적으로 지적 능력과 정서적 능력, 이른바 '지능지수(IQ), 감성지수(EQ), 사회성 지수(SQ) 등을 극대화하여 인간의 발달과 성숙을 도모하는 제도적 장치이다. 문제는 지금까지 교육의 무게중심이 지능의 비대화, 즉 지적 능력의 함양에 치중되었다는 점이다.

다음으로, 교육은 습관형성에 기여한다. 정보화사회의 필수도구인 컴퓨터를 다룬다거나, 인터넷을 통해 다양한 사이버 체험을 한다거나, 수영이나 테니스와 같은 운동을 한다거나, 자동차 운전이나 직업상 필요한 습관형성도 교육의 효과이다. 원래부터 능숙하게 할 수 있었던 일이 아닌 한, 남이 하는 것을 관찰하고 모방하며 다시 성찰하여 성공과 실패의 원인을 검토하면서 연습에 연습을 거듭한 결과, 어떤 기술을 몸에 지니게 되는 것이다. 이렇게 하여 진정 자기 몸에 어떤 기술을 지니게 될 때, 습관이 형성되었다고 한다.

또한 교육은 어떤 문제에 봉착했을 때, 그것을 해결할 수 있는 능력을 함양하는 데 도움을 준다. 우리는 매일 크고 작은 문제에 직면하고 그것을 해결하며 살아가고 있다. 특히, 지식기반 정보화사회에서는 지식이 폭증하고, 전혀 예상하기 힘든 새로운 문제가 발생한다. 따라서 교육을 통해 스스로 문제를 해결하고 능동적인 지식 구성력을 갖추도록 적극적으로 노력해야 한다(강창동, 2003).

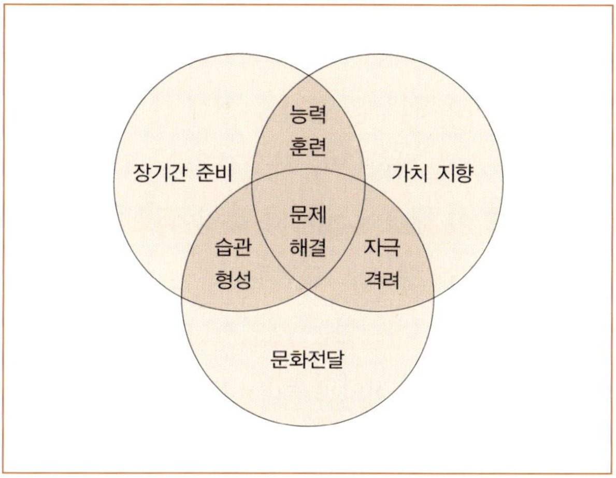


[그림 15] 교육의 필요성

뿐만 아니라, 교육은 학습자를 자극하고 격려하여 삶의 새로운 세계로 인도한다. 어린 학습자일수록 자신의 소질이나 자질, 잠재능력에 대하여 정확하게 이해하지 못하는 경우가 많다. 따라서 경험이 풍부한 교육자는 상황에 맞는 자극과 격려를 통해, 학습자가 장차 선택해야 할 직업 또는 그 전제가 되는 진학지도 등을 적절하게 해야 한다.

## SECTION 3 교육작용의 이해

### 1) 교육의 이념

인간의 특징 중에서 중요한 기능이 이성, 혹은 사고이다. 인간은 사고한다. 동시에 행위하는 동물이다. 사고와 행위의 변증법적 지속을 통해 인간의 삶이 영위된다. 그러므로 인간의 삶에서 생각하는 일, 고차원적 사고는 인간을 상징하는 본질적 요소이다. 왜냐하면, 우리의 의식은 항상 무엇에 대해 작용하고 있고, 그것은 사고작용으로 나타나며 사고작용은 어떤 내용을 낳기 때문이다. 그리고 이 내용에 체계와 통일이 주어질 때, 한 사상이 견해 · 관념 · 개념 등으로 표현된다.

특히, 구체적 상황 속에 있는 개인이나 집단이 자기가 처해 있는 현실에 정당하게 대처하여 의미 있는 행동을 하기 위한 실천적 규준을 사상이라고 부른다. 이 때의 사상은 각 시대의 개인 · 사회 · 민족 · 인류 속에 잠재하여 그 시대의 현실을 움직이는 원동력이 되며, 정치·경제·사회·문화 일반을 지도하고 때에 따라서는 변혁을 일으키기도 한다. 여기에 이르면 사상은 단순한 사고의 내용이 아니라 무슨 '설', 무슨 '주의' 등으로 표현된다. 그리하여 사상은 이상理想과 정의正義 또는 선악善惡과 관련을 갖는다. 뿐만 아니라, 예술적 미추美醜와 문화적 가치, 더 나아가서는 종교적 영혼·해탈·구제 등 고차원적 가치의 실현에까지 '사상'이라는 말을 사용하게 된다(世界哲學大事典편찬위원회, 1972: 479). 이념은 바로 이러한 주의나 사상의 체계이다. 사전적 의미로 "이상적인 것으로 여겨지는 관념[Idea]"이다.

이런 차원에서 교육이념은 교육에서 이상적인 것으로 여겨지는 관념이 된다. 교육이념은 인간됨에 기여하는 핵심사상이고, 교육의 기본원리이며, 기본정신이자 지도원리이다. 따라서 교육의 방향을 지시하는 지남指南 역할을 한다. 교육이념은 대소大小의 개념을 모순 없이 포함하는 총괄적인 것이어야 하고, 어느 일부분에만 반영되거나 실천되는 것이 아니어야 한다. 동시에 모든 교육활동을 정당화하는 근거가 되어야 하고, 시간과 장소에 따라 변하지 않아야 하며, 비교적 장시간 계속되어야 한다. 뿐만 아니라, 확고한 기초와 항구성을 지니려면 부정적인 것보다는 긍정적인 것이 바람직하다. 다시 말하면, 교육이념은 포괄성과 보편성, 기본성과 일관성, 지속성과 긍정성을 지니고 있어야 한다(오천석, 1973).

요컨대, 교육이념은, 한 사회의 모든 교육정책, 교육제도, 교육내용 및 교육방법 등을 포함하는 교육의 전 과정을 지배하는 신념체계를 의미한다. 따라서 교육이념은 모든 교육적 행위의 방향을 제시하는 구체적 의도를 내포하고 있어야 한다. 동시에 모든 교육적 행위의 결과에 대한 평가의 준거가 되는 사회윤리적 가치체계를 드러내야 한다(서울대학교 교육연구소, 1998: 2850).

**❤참고자료 4 : 우리나라 ≪헌법 제 31조≫의 교육에 관한 조항**

① 모든 국민은 능력에 따라 균등하게 교육을 받을 권리를 가진다.
② 모든 국민은 그 보호하는 자녀에게 적어도 초등교육과 법률이 정하는 교육을 받게 할 의무를 진다.
③ 의무교육은 무상으로 한다.
④ 교육의 자주성·전문성·정치적 중립성 및 대학의 자율성은 법률이 정하는 바에 의하여 보장된다.
⑤ 국가는 평생교육을 진흥하여야 한다.
⑥ 학교교육 및 평생교육을 포함한 교육제도와 그 운영, 교육재정 및 교원의 지위에 관한 기본적인 사항은 법률로 정한다.

그렇다면 우리나라의 교육이념과 교육목적은 어떻게 구성되어 있는가? 헌법에 의거하여 만들어진「교육기본법」제1장 제2조에는 다음과 같이 기술되어 있다.

교육은 홍익인간의 이념 아래 모든 국민으로 하여금 인격을 도야하고 자주적 생활능력과 민주시민으로서 필요한 자질을 갖추게 하여 인간다운 삶을 영위하게 하고 민주국가의 발전과 인류공영의 이상을 실현하는 데 이바지하게 함을 목적으로 한다.

이는 심신의 건강, 애국·애족·인류평화, 민족문화 유산의 계승 및 세계평화에의 기여, 진리탐구와 창의적 활동, 자유·협동·신의의 정신함양, 정서함양 및 여가선용, 근검·노력과 현명한 소비 등 구체적인 교육목표를 통해 달성될 수 있다(김정환·강선보, 1998: 51).

### 2) 교육의 목적

전통적으로 교육은 국가사회주의를 지향하는 '공동체적 경향'과 인격계발적인 '개인적 경향'이 변증법적 조화를 이루며 진행되어 왔다. 이른바, 개인주의와 공동체주의를 지향하는 이념을 바탕에 두고 교육의 목적이 시대상황과 여건에 따라 그 특성을 드러내며 추구되었다.

동양에서 유교의 경우, 제1장에서 언급한 맹자의 경우처럼, 개인교육과 공동체교육이 어우러져 있다. 서구의 경우, 공동체교육은 플라톤에 의해 주창되었다. 플라톤은 시민훈련이 시민에게 공적인 선을 가르쳐서 행하도록 준비시켜야 한다는 전통적인 그리스의 견해를 기꺼이 수용했다. 개인은 공적인 목적의 도달을 위하여 국가에 의하여 이용되는 도구였다. 다시 말하면, 개인행동의 규제에 의하여 출생 때부터 모든 시민에게 국가에 대한 엄격한 헌신을 주입시킴으로써 국가 단위를 유지하고 보존하려는 데 뜻을 두었다(임태평, 2000).

인격계발적인 측면은 페스탈로찌의 의해 강조되었다. 페스탈로찌는 기본적으로 인간을 사회적·국가적 굴레에서 해방시켜 개인으로서 행복한 인간을 일깨워주는 데 초점을 두었다. 그는

"우리에게는 현재 글자를 가르치는 학교도 있고 문장을 가르치는 학교도 있으며 교리문답을 외우는 학교도 있다. 그러나 진정 필요로 하는 것은 인간을 키우는 학교"라고 언급하면서 인격계발을 최우선시 하였다(김정환, 1995).

이러한 교육의 목적은 시대와 사회, 사람에 따라 다르게 설정된다. 일반적으로 고대 사회에서는 '사회체제의 존속과 계승'이 중시되었고, 근대사회는 '개인의 인격도야'가 중시되었으며, 현대사회는 '인간의 사회적 효율성 제고'가 부각되었다(김정환 · 강선보, 2005: 37).

| 구 분 | 대한민국(남한) | 조선민주주의인민공화국(북한) |
|---|---|---|
| 이 념 | 홍익인간弘益人間 | 사회주의 교육학 원리 |
| 목 적 | · 인격도야<br>· 자주적 생활능력<br>· 민주시민의 자질<br>· 인간다운 삶 영위<br>· 민주국가 발전<br>· 인류공영 | · 견결한 혁명가<br>· 지덕체 구비<br>· 공산주의적 새 인간 |

**[그림 16] 남한과 북한의 교육목적 비교**

사회에 따라서도 다르게 나타난다. 예컨대, 우리와 같은 민족이지만 체제를 달리하는 북한의 경우, 조선민주주의 인민공화국 사회주의 헌법 제43조에서 다음과 같이 교육목적을 규정하고 있다.

> 국가는 사회주의 교육학의 원리를 구현하여 후대들을 사회와 인민을 위하여 투쟁하는 견결한 혁명가로 지덕체를 갖춘 공산주의적 새 인간으로 키운다.

또한, 교육은 교육활동을 어떻게 보느냐에 따라, 내재적 목적[內在的 目的 : intrinsic aim]과 외재적 목적[外在的 目的 : extrinsic aim]으로 구분하기도 한다. 내재적 목적은 교육활동 내에서 인생의 의미와 가치, 이상을 발견하려는 것이다. 예컨대, 이해관계를 초월한 호기심이나 지적 정직성, 정확성, 근면, 진리와 정의에 대한 사랑 등 지적인 덕목과 선, 절제, 관용, 정의, 동정 등의 도덕적 덕목, 합리성과 자율성 등이 이에 포함된다.

반면, 외재적 목적은 교육활동을 수단으로 삼아 어떤 가치를 실현하려는 것이다. 외재적 목적은 교육을 수단으로 삼기 때문에 당장 눈에 드러날 뿐만 아니라, 실제적 이익을 가져온다. 그러므로 현실적으로 중시된다. 외재적 목적은 특히 생계의 문제와 관련되는데, 교육을 많이 받으면 받을수록 훌륭한 직업과 직장을 구할 수 있고, 높은 보수와 사회경제적 지위, 명예를 누릴 수 있다고 생각한다.

하지만 이 두 가지 목적 중 어느 것이 더 중요하다고 단정 짓기는 매우 어렵다. 가능한 한 내재적 목적을 추구할 때, 외재적 목적이 부수적으로 실현되는 것이 바람직하다. 외재적 목적이 지나치게 팽배하면, 교육이 정치나 경제의 도구로 악용될 소지가 있고, 출세와 치부의 수단으로 전락할 수 있다.

### 3) 교육작용의 본질

교육이념이나 교육목적이 다양하게 표현될지라도, 인간사회에 보편적으로 존재하는 교육작용이 있다. 그것은 네 가지 차원으로 구분하여 생각할 수 있다(이규호, 1977: 58-68).

첫째 인간은 하나의 '생물'이라는 차원이다. 앞에서 설명했듯이 인간은 생물 중에서, 성장을 위해 긴 시간을 필요로 한다. 이 기간 동안 역사적 · 사회적 보호 영역 안에서 언어를 비롯한 상징형식들을 배우고, 특수한 사회적 질서를 배운다. 그리하여 생물학적 영역을 벗어나 문화적 영역으로 들어간다.

둘째 교육은 '역사적 · 사회적' 차원이라는 점이다. 인간의 교육은 한편으로는 기술, 제도, 과학, 사상, 예술, 종교를 포함한 모든 문화적 전승을 그 형식과 정신에서 미래 세대에게 전달하는 과정이다. 다른 한편으로는 자라나는 개인을 그 사회의 정신적 내용과 형식 속에서 받아들여 문화적 전승 속에 편입하는 과정이다.

셋째 자아의식을 불러일으키는 '이상적' 차원이다. 그것은 개인과 사회의 가치와 의미에 눈뜨게 하여 올바른 정신과 이상을 심어주는 작업이다. 다시 말하면, 이 사회 문화의 긍 · 부정을 파악하고 그것을 새롭게 창조하기 위한 정신자세를 다듬어 그 의미와 가치를 깨닫게 하여, 이상을 지향하는 일이다.

넷째 '인격적' 차원이다. 한 인간이 삶의 방향을 전환하고 절대적 세계관이나 신념에 도달하며, 도덕적 양심을 불러일으키는 것은 전인全人과 전인의 만남을 통해 가능하다. 이것은 교육작용에서 가장 중요한 본질로 자리매김 된다.

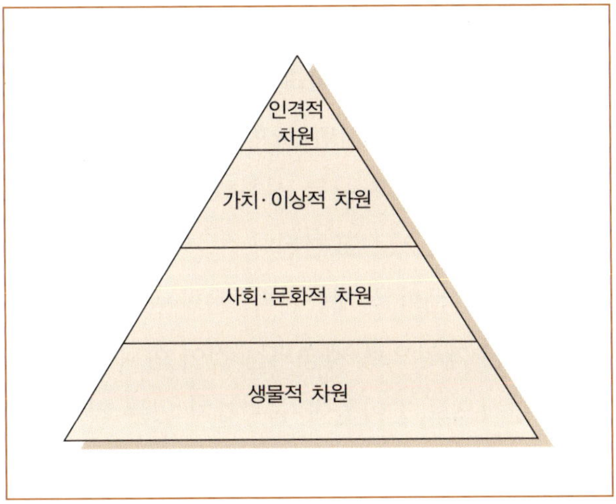


**[그림 17] 교육작용의 단계와 차원**

이를 사회적 차원에서 좀 더 확장하면, 크게 네 가지로 요약할 수 있다(김정환 · 강선보, 2005: 37-70).

첫째 교육은 현재 세대가 미래 세대들에게 좋은 문화나 삶의 양식, 질서나 체제를 현상 유지적으로 이어받게 한다. 인간의 삶에서 긍정적이고 좋은 문화는 지속적으로 이어지게 마련이다. 교육은 그런 문화에 대해 애착을 갖고 그것을 계승하기 위한 능력과 태도를 갖게 하는 기능을 지닌다. 예컨대, 교육을 가능게 하는 교과서에는 좋은 문화가 응축되어 있다. 학생들은 바로 이런 교과서를 통해 문화를 계승하고 지속시켜 나간다.

둘째 교육은 인격의 조화적 도야를 가능하게 한다. 인간의 참된 삶은 인격완성을 위한 의지와 끊임없는 노력의 과정이다. 이 때 인격의 완성은 인간의 조화적 발전으로 인간성 안에 내재해 있는 여러 소질들을 조화롭게 발전시키는 일이다. 교육은 어떤 사회에서건 인간으로서 개인의 완성을 추구하며 자아를 실현하는 데 기여한다. 그것은 흔히 자기수양으로 표현된다.

셋째 교육은 정신문화를 계승한다. 문화는 어떤 특정한 개인에서 다른 개인으로 계승되는 것이 아니다. 어떤 집단에서 보편적으로 받아들여지는 가치 있는 것이 다른 집단으로 계승된다. 더구나 문화는 개인이 태어나면서부터 지닌 것이 아니고, 집단 속에 살면서 몸에 익히는 것이다. 특히, 정신문화는 각 개인의 이지적이고 능동적인 노력으로 획득된다. 이 때의 노력은 교육이 담보한다. 인간은 교육을 통해 자신이 속한 사회의 정신적 가치를 이어받고 자기정체성을 확보한다.

넷째 교육은 인간을 한 사회의 성원으로서 사회화한다. 교육을 통해 인간은 자기가 속한 사회의 상황을 이해하고 가치를 확인할 수 있으며, 그런 과정을 통해 점차 적응해 갈 수 있다. 그리고 그 사회에 살면서 사회성원으로서 사회적 문제의식을 발견하게 된다. 교육은 이런 상황에서 사회를 긍정적으로 이어가게도 하지만, 부정적 문제가 발생했을 때, 보다 나은 사회를 이룩하려는 사회혁신기반을 조성하기도 한다.

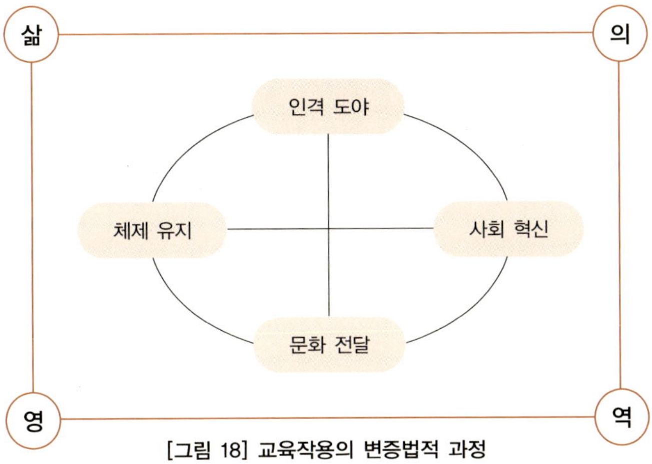


[그림 18] 교육작용의 변증법적 과정

## 생각해 볼 문제

01 전통적으로 인간에게만 교육이 필요한 이유를 설명하고, 현대 지식정보화사회에서 요구되는 새로운 차원의 교육에 대해 논의하시오.

02 우리나라의 교육이념인 홍익인간弘益人間과 교육목적에 대해 구체적 사례를 들어 해설하시오.

03 교육작용의 본질인 '체제의 현상적 유지-인격의 조화적 도야-정신문화의 계승-사회화[사회혁신기반의 조성]'을 간략하게 설명하고, 네 가지 작용의 관계를 논의하시오.

Chapter 3

# 교육의 공간과 시간

1. 개 요

2. 교육공간의 확대 : 가정에서 가상공간으로

3. 교육시간의 연장 : 평생학습교육

## SECTION 1 개 요

인간의 바람직한 성장을 촉진하고 전달할 수 있는 합리적 공간, 교육의 장소를 교육의 장 또는 교육의 마당[the field of education]이라고 한다. 전통적으로 교육은 가정-학교-사회로 이어지는 세 마당에서 이루어진다고 보았다. 그러나 첨단우주과학시대에 접어들면서 정보통신혁명과 더불어 교육의 장은 가상공간, 이른바 인터넷 사이버 공간으로 확대되고, 시간적으로 평생교육이 요구되면서 더욱 넓혀지고 다양한 모습으로 바뀌었다.

교육의 공간은 그 특성상 크게 둘로 나눌 수 있다. 하나는 형식을 완전히 갖춘 형식교육[formal education]이고, 다른 하나는 형식을 불완전하게 갖춘 비형식교육[informal education]이다. 형식을 완전히 갖춘 교육은 제4장에서 다룰 교육의 기본요소인 교사-학생-교육내용이 조직적으로 작용하여 이루어진다. 즉 의도적이고 계획적인 교수-학습 시스템을 갖추고 지속적으로 교육작용이 진행된다. 이런 점에서 볼 때, 형식교육을 대표할 수 있는 교육공간은 학교이다. 이외에 가정교육이나 사회교육 등 교육시스템을 완벽하게 갖추지 못한 다양한 교육공간은 비형식교육을 실천한다고 볼 수 있다.

인간의 삶에서 교육은 형식교육 이전에 비형식교육으로 이루어지고, 주로 가정교육에서 시작된다. 특히, 가정교육은 자녀를 대상으로, 가정이 주체가 되어, 생활을 통해 전개된다. 즉 가정은 삶다운 삶, 사람다운 사람의 올바른 기초를 마련하는 가장 중요한 교육이 전개되는 마당이고, 교육적 영향력이 가장 크게 미치는 인생 최초의 교육기관이다. 그러나 가정교육을 책임지고 있는 부모나 집안의 어른들은 교육의 전문가가 아니라 보통 사람들이다(이계학, 1994: 4). 그럼에도 불구하고 가정은 정서적·성격적인 면에서 자녀를 바람직하게 성장시킬 수 있는, 기초적인 인간화·사회화가 이루어진다는 점에서 교육의 기본공간이다.

학교는 가장 체계적이고 조직적인 사회화 기관이다. 지식기반정보화사회에서 첨단과학 기술과 고도의 전문지식이 폭증하면서 학교를 비롯한 전문교육기관의 역할도 중요하게 되었다. 특히, 학교교육은 근대 공교육이 대두한 이후, 평등이념의 보급과 더불어 모든 국민들이 균등하게 교육받아야 한다는 사고에 기초한다. 초·중등학교의 경우, 의무교육과 연결되고, 국민의식 수준의 제고와 국력신장의 기초가 된다는 점에서 그 존재 의의를 확인할 수 있다.

직장교육은 최근 세계경제 환경의 변화와 직결된다. 글로벌화로 인한 세계시장의 변화, 기업조직의 다양화에 따른 직장 내의 변화, 포스트모던적 문화에 기반한 인력의 가치관 변화 등 새로운 질서에 대응하기 위한 조직적 몸짓으로 볼 수 있다. 특히 조직구성원의 직무향상과 구성원의 성장발전, 조직의 생산성 향상을 위한 벤치마킹, 리엔지니어링, 아웃소싱, 다운사이징 등과 같은 경영혁신과 맞물려 있다.

사회교육은 지역주민과 시민들을 위한 다양한 사회기관과 시설에서 이루어지는 교육활동이다. 이는 자치제도의 등장과 더불어 더욱 활기차게 진행되고 있고, 평생교육의 차원에서도 다양한 형태로 이루어지고 있다. 특히, 가정이나 학교, 직장에서 못다 한 것들에 대해 교육의 공간을 저렴하게 제공하고, 체계적인 프로그램으로 시민들의 다양한 교육적 욕구를 충족시켜 주고 있다.

지식기반정보화사회의 심화에 따른 가상공간, 즉 인터넷 사이버 공간은 새롭게 등장한 교육장소이다. 이는 전통교육 패러다임의 양식을 획기적으로 바꿀 수 있는 통신망의 보급과 연관된다. 인프라만 구축된다면, 인터넷 사이버 공간은 온라인on-line을 통해 모든 사람에게 개방된 교육장소이다. 이는 교육기회의 평등을 실현할 수 있다는 측면에서 의미심장하다.

여기에서는 교육의 공간을 가정, 학교, 직장, 사회기관, 가상공간, 이른바 인터넷 사이버 교육 등 크게 다섯 마당으로 나누어 이해해 본다(권대봉, 2001a).

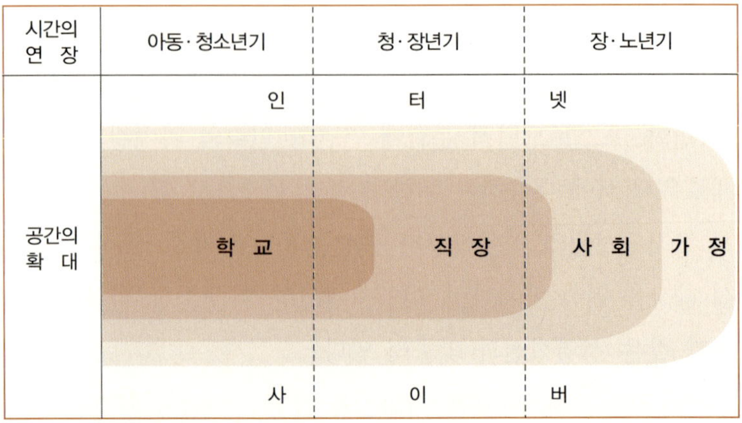


[그림 19] 교육의 시·공간

## SECTION 2 교육공간의 확대: 가정에서 가상공간으로

### 1) 가 정

가정은 혼인이나 입양, 혈연으로 결속된 하나의 집단이다. 동시에 이런 집단의 삶의 거점인 생활의 마당이자, 교육의 장소이다. 사람은 가정에서 태어나 양육되고, 성인이 되어서는 독립된

**❤참고자료 5 : 가정에 대한 인식**

**가정을 다시 인식하자**

가정이 무엇인가? 부부, 친자 또는 형제 조손祖孫이 단란하게 모여서 된 조그만 단체이다. 인류역사 이래, 특별한 생활을 한 몇 사람을 제외하고는 모두 이 가정에서 나고 크고 살고 죽는다. 가정은 인생의 안식처요 인류의 온상溫床이다. 우리는 이 가정생활을 의의 있게 만드는 데 좀 더 맛이 나게 할 수가 있다.

1. 가정은 사랑의 씨를 뿌린 묘포苗圃이다.
2. 가정은 봉사의 꽃이 피는 화원이다.
3. 가정은 감정의 훈련장이다.
4. 가정은 운명을 창조하는 곳이다.
5. 가정은 위안의 전당이다.
6. 가정은 조화의 동산이다.
7. 가정은 축소된 세계이다.
8. 가정은 보존保存하는 곳간이다.

– 이만규의 『가정독본』에서

가정을 만들어 새로운 생활 집단과 거점을 지니게 된다.

사회학자들에 의하면, 현대적 의미의 가정은 “성 행위를 규제하고, 사회적 재생산에 기여하며, 사회적 지위와 정체감을 부여하고, 자녀의 양육과 사회화를 책임지며, 정서적 안정과 생활보호를 담당하고 있다”고 한다. 다시 말하면, 가정은 크게 출산, 경제, 안식, 교육 등의 기능과 역할을 맡고 있다. 이 중에서도 교육은 핵심기능 중의 하나이다.

특히, 현대사회에서 가정의 형태와 기능은 엄청나게 변하고 있다. 과거 농경사회에서 혈연 중심으로 구성되었던 가족의 형태는 산업사회로 들어서면서 서서히 해체되고 있고, 최근에는 재혼가정, 다문화가정, 1인가정 등 다양한 형태의 가정이 등장하고 있다. 핵가족화로 바뀌면서 축소된 가족규모는 자녀들에게 다면적 인간관계를 형성할 기회를 감소시켰고, 산업과 경제활동의 변화에 따른 맞벌이부부의 증가는 가정의 교육적 기능을 약화시켰다. 심한 경우에는 모성실조[mother deprivation] 혹은 부성실조[father deprivation] 현상도 나타났다. 뿐만 아니라, 사회의 급진적 변화는 전통적인 가부장적 권위를 해체하고, 부모와 자녀 사이의 가치관의 격차, 갈등을 유발하기도 하였다.

이럴 때일수록 가정에서 배워야 하는 소중한 것은 무엇인가? (김정환 · 강선보, 2005: 76-77) 우리는 부모, 형제자매와의 일상생활을 통해 우리의 얼이 담긴 말과 글을 배우고, 원만한 대인관계나 사회관계를 맺는 데 필요한 예의범절, 관습, 습관 등을 몸에 익혀야 한다. 또한 인간으로서 무엇이 옳고 그른가를 판가름하는 가치판단의 기준도 알아야 한다. 다시 말하면, 가정에서는 어린 자식과 부모의 관계를 통해 사회의 가치와 규범을 익히고 내면화하는 사회화 과정을 거치도록 교육해야 한다.

이처럼 가정은 자녀들에게는 인간이 세상에 태어나서 처음으로 경험하는 교육의 공간이고, 부모를 비롯한 어른들에게는 지속적인 교육이 이루어지는 삶의 공간이다. 따라서 가정은 교육활동의 단초이자 기초교육의 장이다. 이러한 가정에서의 교육은 다음과 같은 특징을 지닌다.

첫째 가정교육은 '혈연'을 중심으로 하는 인간관계의 자연성에 기초하여 무의도적이고 비형식적으로 이루어진다. 가정교육은 어느 정도는 자녀를 위한 계획도 세우고 조직적으로 지도할 수도 있지만, 학교교육처럼 세밀한 체계와 조직을 갖춘 상태에서 교육하지는 않는다. 가정은 각 가정의 문화적 특징을 바탕으로 자연스럽게 부모-자식, 형제자매 사이의 상호작용을 통해 교육작용을 한다.

둘째 가정교육은 '사랑'으로 결속된 가족구성원 사이에 이루어진다. 연령대가 서로 다른 부모-자식, 형제자매 사이의 인간관계를 기초로 교육한다. 학교교육이 동일한 연령집단인 동시에 공통된 목적을 가진 또래집단이 모여 교육하는 곳이라면, 가정교육은 부모와 자식, 형제자매처럼 성과 연령이 다르고, 가정 내에서 서로 다른 지위와 역할을 갖는 가족구성원 사이에 행해진다. 따라서 그 기능상 부성애와 모성애, 부부애, 형제애로 응집된 사랑의 교육이 진행되는 교육의 원초적 형태이다.

셋째 가정교육은 자녀의 심신 '보호와 배려'가 교육적 배경이다. 과보호나 방임이 아니라, 적절한 보살핌을 통해 가정의 역할을 충실히 하는 교육의 근원적 형식을 보여준다. 요컨대, 자녀의 건전한 생활과 심신의 발달을 도와주는 동시에 새로운 변화가 진행되는 사회에서 안정을 찾도록 지원해 준다.

그러나 지식정보화사회의 도래와 더불어 개별성과 독특성, 지구촌 의식, 더불어 살아가기 위한 협동성, 동료의식, 팀워크, 통합성, 융통성과 신축성 등의 덕목이 중시되면서, 가정교육에서도 새로운 양식이 요구된다(주삼환, 2000: 49-51).

첫째 자녀의 창의성 교육이 필요하다. 창의성의 바탕은 자유이다. 부모는 자녀에게 신체적 · 정신적 · 심리적 자유를 허용하여 자유롭게 생각하고 행동할 수 있도록 분위기를 만들어주어야 한다. 때로는 필요 이상의 간섭이나 과잉보호를 거부하는 자유분방한 교육도 요청된다. 열린 사고로 자녀가 자신의 의지대로 살아갈 수 있도록 관대함을 베풀어야 한다.

둘째 자녀가 긍정적인 자아개념을 갖도록 하는 교육도 중요하다. 특히, 자신을 수용하고 인정하고 존중하고 사랑할 수 있는 자세를 지니게 해야 한다. 자기를 부정하면 사회에 적응하기 어려울 수 있다. 뿐만 아니라, 일에 대한 열정이나 도전의식, 자신감이나 인내력을 갖추기가 쉽지 않다. 다시 말하면, 지식정보화사회를 헤쳐나가기 어렵다.

셋째 자녀를 존중하는 교육이 요구된다. 무엇보다도 자녀의 의견을 존중하고 인격체로 대해야 한다. 그런 가정의 분위기 속에서 자녀는 독특한 개성을 확보하고, 리더십을 지닌 시대의 선도자가 될 수 있다.

넷째 어느 정도 자극적이고 호기심을 불러일으켜, 이를 키워줄 수 있는 교육적 분위기도 중요하다. 어떤 문제에 대한 자극이나 호기심은 창의성을 촉발할 수 있는 계기이다. 자녀가 갖고 있는 호기심을 꺾지 않고 자녀의 질문에 관심을 갖고 귀 기울이며 호기심을 길러주어야 한다.

다섯째 자녀의 미성숙, 비논리성도 존중되는 교육이 필요하다. 왜냐하면 자녀가 지나치게 논리적이거나 질서정연하다면 오히려 독창성을 움츠려들게 할 수 있기 때문이다. 얼핏 보기에 모순되는 것처럼 보일지라도, 강렬한 표현력을 존중해 주며 긍정적인 대화를 나누는 것도 한 방법이다.

### 2) 학 교

학교는 가정과 달리 일정한 교직원, 장소, 건물, 설비를 갖추고 일정한 교육과정에 의하여 전문적인 지식을 계속적으로 가르치며 배우는 교육의 공간이다. 역사적으로 볼 때, 모든 나라들이 학교를 통해서 사회와 국가, 인류에 기여할 수 있는 인간을 양성하고자 노력해 왔다. 특히, 근대 민족국가가 성립된 이후, 학교는 국가의 요구를 국민들에게 교육시키고, 개인의 생존권을 보장해 주었으며, 사회이동이 가능할 수 있는 통로역할을 하였다. 이런 양식이 발달하여 오늘날 우리나라를 비롯한 대부분의 선진국들은 10년 전후의 의무교육을 실시하고 있다.

학교는 일정한 발달수준에 있는 학생들을 일정한 건물에서, 교직원이 일정한 교과를, 일정한 계획에 따라 조직적으로 교육하는 기관이다. 그러므로 특별한 사유가 없는 한, 국민 모두에게 교육의 기회균등을 실현해 줄 수 있는 가장 효율적인 교육의 마당이다.

이러한 학교의 긍정적 역할에도 불구하고, 오늘날 학교제도는 계층 간의 교육기회를 불평등하게 제공하거나 본연의 임무에 충실하지 못하는 폐해가 발생하기도 했다. 예를 들면, 학교 본연의 임무인 개인의 잠재능력을 계발하고, 전인적 인간으로서 성장할 수 있는 가능성을 신장시키기보다는, 특정 정권의 이데올로기를 주입함으로써 정권에 봉사하는 인력양성 수단으로 전락하기도 했다. 그렇다 하더라도 학교는 여전히 대부분의 국민이 교육받고 있는 가장 중요한 교육의 장소임에 분명하다.

이러한 학교교육은 크게 두 가지 차원에서 그 특징을 정돈할 수 있다. 하나는 개인의 성장과 발달의 차원이고, 다른 하나는 사회의 유지와 발전의 차원이다.

먼저, 개인의 성장과 발달의 관점에서 학교교육을 이해해 보자. 칸트도 이야기했듯이, 교육은 인간의 고유한 활동이다. 인간에게는 변화가능성이 있고, 개인마다 특성도 있다. 교육은 이러한 전제에서 성립한다. 교육은 기본적으로 개인에서 출발하며, 교육의 목적 또한 개인의 전인적 성장과 발달을 기초로 한다.

따라서 학교는 개인의 자질과 능력을 신장 · 계발하기 위하여 최선의 교육방법과 환경을 마련해야 한다. 다시 강조하면, 학교는 특별한 교육환경이다. 있는 그대로 방치하여 자연적으로 감화를 받게 하는 교육도 있지만, 그것보다는 학습자들을 발달시키기 위해 학습자의 자질과 성향을 정돈하고 질서화하며, 현재의 사회적 습관을 정화하고 이상화한다. 왜냐하면 학교는 보다 체계적이고 균형 잡힌 교육환경을 창조해야 하기 때문이다.

**❤참고자료 6 : 우리나라 전통학교의 의미**

옛날부터 학교는 예와 악을 배우던 곳이다. 지금[조선 후기]은 예와 악이 무너지고, 학교의 가르침이 단순히 독서하는 데 그치고 말았다.
옛날 제후의 나라에는 모두 학궁學宮이 있었는데, 그 교육법은 왕성王城에 있던 태학太學과 같았다. 삼덕三德과 삼행三行과 육예六藝와 육의六儀를 체계적으로 가르쳤는데, 그 덕은 일상에 충실하는 중용中庸과 효도하고 우애로운 효우孝友였고, 그 가르침은 풍자와 암송·언어 교육이었다. 봄과 가을에는 예악을 가르쳤고, 여름과 겨울에는 시서를 가르쳤다. 옛날에는 태학에서 노인을 보양하는 양로養老의 예를 행하고 공경심을 일으켜 사회적 질서체제를 구축하고, 고아를 먹여주는 예를 행하여 백성들이 배반하지 않도록 하였다. 이처럼 효도하고 공경하며 사랑하는 일상에서의 기본예절의 체득이 학교의 취지였다. 정치[교육] 지도자들은 마땅히 이 뜻을 간직하고 학궁에서 양로의 예를 행하고 향음의 예를 행하여 효제의 도를 일으켜야 한다. 간혹 외적의 난리를 겪느라고 나라에 목숨을 바친 자가 있거든 그가 남긴 고아들을 돌보려는 휼고恤孤의 뜻을 간직하여야만 한다. 그래야 기본예의를 갖추었다고 할 수 있다. 난리를 겪은 지 이미 오래된 자가 있다면, 그들을 데려다가 학궁에서 잔치를 베풀어 위로와 격려를 해주어야 한다.

– 정약용의 『興學』에서

이를 위해 학교는 교육내용을 단순화하거나 순화할 필요가 있다. 인류의 문화유산은 복잡하고 다양하다. 역사의 진보를 저해하는 부정적 유산도 있고, 지속적으로 이어가야 할 소중한 전통도 있다. 이를 제한된 학교교육에서 모두 소화할 수는 없다. 따라서 학교에서는 전달할 내용을 분석하고 선정하여 연령과 능력에 따라 이해할 수 있는 범위로 재편성해야 한다.

또한 교육방법에서 조직화도 필수적이다. 학생들의 체계적 학습과 통합된 발달을 돕기 위하여, 그들이 얻은 학습경험에 이론적 질서나 심리적 순서가 뒷받침되어야 한다. 즉 쉬운 것에서 어려운 것, 구체적인 것에서 추상적인 것, 본질적인 것에서 지엽적인 것, 가까운 것에서 먼 것, 이미 알고 있는 것으로부터 모르고 있는 것으로 학습하고 탐구해 갈 수 있도록 방법을 강구해야 한다.

학생 개인의 발달과 조성을 위해, 학교교육에서 무엇보다도 중요한 것은 학생에 대한 관심과 개성에 대한 배려이다. 개체의 완성이나 자아실현, 인격완성에 기초가 되는 것이 개성이다. 따라서 개인 간의 차이를 정확히 파악하고, 학습을 계열화하여 발달을 통합하여야 한다.

학습의 계열화는 교육효과를 극대화하는 적합한 방식이다. 적절한 예습과 복습, 선행학습, 하위의 학습에서 상위의 학습으로 질적 심화를 도모할 수 있어야 한다. 즉 계열을 찾아가는 나선형 지도와 같은 교육이 어떤 교육기관보다도 학교에서 철저하게 이루어져야 한다. 발달의 통합은 학생이 한쪽으로만 발달하지 않도록 주의하는 일이다. 학교에서 진행되는 교과과정과 과외활동을 기본교육 과정으로 하고, 학습지도와 생활지도가 적절하게 통합되어 전인으로 성장할 수 있도록 도와주어야 한다.

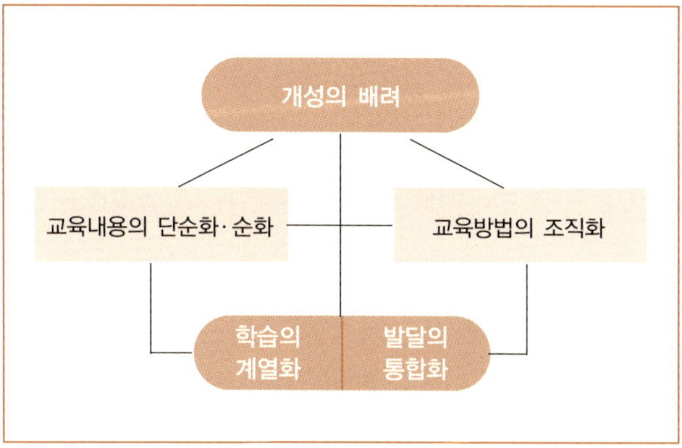


[그림 20] 학교교육의 역할

다음으로, 학교교육은 사회의 유지와 발전의 차원에서 성찰할 수 있다. 학교는 하나의 객관적 실체이다. 학교는 어떤 사회기관보다도 세련된 사회제도적 성격을 지닌 공동체이다. 앞에서 언급한 뒤르껭이나 듀이는 학교의 사회적 기능을 매우 중시했다. 뒤르껭은 교육을 사회화 과정으로 보았다. 그리고 교육의 목적을 개인의 발달보다는 사회의 분화와 전문에서 찾으려고 하였다. 그것은 학교교육의 성격을 사회적 측면에서 이해하려는 관점이다. 듀이의 경우에도 개인의 발달을 중시하면서도 학교를 사회화 기관으로 인식하였다.

일반적으로 학교를 개인주의적 입장에서 교사와 학생, 교사와 학부모 사이의 그 무엇으로 간주하려는 경향이 있다. 따라서 우리의 관심은 당면한 개개인의 아동의 진보라는 사실에 집중

된다. 아동의 정상적인 신체적 발달, 읽기-쓰기-셈하기의 능력 향상, 지리나 역사와 같은 지식의 증진, 예의나 태도의 개선, 민첩함-질서-근면성과 같은 습관의 양성 등이 관심대상이 되며, 이러한 기준에 의해 학교경영의 성패를 판단하기도 한다.

그러나 우리는 시야를 넓힐 필요가 있다. 선량하고 현명한 부모가 자녀에게 희구하는 것을 사회는 사회의 모든 아동을 위하여 희구해야 한다. 이러한 견지를 벗어난다면, 어떠한 학교도 그 이상理想은 협소하고 불미하게 될 것이다. 아울러 그런 좁은 시각을 행동으로 옮길 때 우리의 민주주의는 파괴된다. 사회가 자신을 위하여 성취한 모든 것은 학교라는 기관의 교육작용을 통하여 미래의 성원에게 그대로 전해진다. 왜냐하면 사회는 자신에 관한 개혁적 사상을 미래사회를 향하여 열려 있는 아동이라는 새로운 가능성을 통하여 실현하려고 하기 때문이다(J. Dewey, 1981: 17-18).

이처럼 학교는 축적된 문화를, 새롭게 참여하는 성원에게 전달하고 그 결과로서 사회를 존속하는 데 기여해야 한다. 이런 역할과 기능이 없다면, 한 사회는 그들의 문화를 미래 세대에 존속하기 어렵다. 이는 학교가 사회의 건전한 유지와 존속에 필수적 교육기관이라는 의미이다. 이른바, 사회적 기관으로서 학교다.

이런 학교는 사회의 보존이나 현상 유지적 기능은 물론, 사회의 진보와 발전을 위해서도 중요한 기능을 수행한다. 예를 들어, 국가 사회가 조국통일이나 경제 선진화, 민주적 시민의식, 과학정신을 강조할 때, 학교는 이에 부응하여 교육할 필요가 있다.

또한 사회 부조리나 불합리성, 부정부패, 비민주적인 상황이 있을 때, 학교는 이에 대해 인식하고 보나 나은 미래를 지향할 수 있는 탐구와 창조정신의 고양에도 적극 기여해야 한다.

그런데 현대사회는 급격하게 변하고 있다. 지식기반정보화사회, 글로벌시대, 첨단우주과학시대라 일컬어지듯이, 예측하기 힘든 변화의 양상이 끊임없이 새롭게 전개된다. 전통적인 학교교육은 일정한 시간과 공간에서 제한된 내용의 지식을 교사주도하에 학생에게 전수하는 경향이 강하였다. 그러나 현대사회는 지식정보의 급격한 팽창, 과학기술의 폭발적 진보, 국가 간 문호개방, 사고의 다양화, 사회 전반의 분화현상 등이 빠르게 진행되고 있다. 즉 지식기반정보화, 국제화, 다원화, 개성화 등 새로운 사회패러다임이 등장하였다(강선보, 2001). 특히 디지털 네트워크의 효과는 근대사회의 합리적 공간인 학교의 정체성을 혼란스럽게 만들고 있다. 이러한 변화의 도정에서 학교교육도 예외로 남아 있을 수 없다. 지식기반정보화사회가 강화될수록, 지식을 핵심으로 다루는 학교는 다음과 같은 교육을 실천할 필요가 있다(김정환 · 강선보, 2005; 강창동, 2003).

첫째 학교에서 가르치는 지식은 '활용중심적'이어야 하고, 사회생활과 밀접한 관련이 있어야 한다. 종래의 학교교육은 단편적인 지식의 주입에 치중하였고, 그러한 지식이 삶의 유용한 도구로 활용되지 못한 경향이 있었다. 이제는 지식을 많이 알고 있는 인간보다는 다양한 지식을 종합하고 응용하여 재창조하는 창의적 사고를 지닌 인재가 요구된다. 따라서 기존의 획일적인 지식 전수식 교육을 성찰할 필요가 있다. 학생들이 풍부하고 다양한 자료를 접하고 스스로 이를 탐구·적용하면서 과제를 해결하여 사회를 선도할 수 있는 능력을 길러주어야 한다.

**둘째** 학교의 지식교육은 유연하고 탄력적이며, 학생의 고등 사고능력을 배양시키는 데 기여해야 한다. 지식기반사회에서는 유연한 사고능력과 창의적 능력을 지닌 인간이 사회의 중심역할을 한다. 따라서 개인의 재능과 적성을 극대화하는 수월성 교육이 요구된다. 학교는 교사가 일방적으로 수업하기보다는 학생이 스스로 학습하는 방법을 터득하여 자기학습에 몰두할 수 있게 분위기를 조성해야 한다. 즉 개인의 잠재력을 최대로 계발할 수 있도록 동기를 부여하는 공간이어야 한다.

**셋째** 교과내용은 일관된 목표 아래 통합적으로 구성되는 동시에 각 교과의 특성이 함께 살아나야 한다. 동시에 교육과정의 구성은 현재와 미래를 살아가는 학생의 요구에 부응해야 하며, 다양한 교육 지원체제를 마련해야 한다. 교과는 사회의 요구에 의해 수용되고 만들어진다. 따라서 각 교과의 내용은 사회적 특성을 반영하여 전체적으로 유기적 관계를 유지하면서 각 교과의 고유한 특성을 살려야 한다. 그런 교과내용과 교육과정, 지원체제를 수용한 학생이어야 현실을 미래에 연결할 수 있고, 미래 세대를 선도할 수 있는 능력을 구비할 수 있기 때문이다.

### 3) 직 장

직장교육은 가정이나 학교라는 공간에서 이루어지는 교육과는 상당히 다른 성격을 지닌다. 왜냐하면 직장구성원 개인의 삶의 질 향상과 직장조직의 생산성 향상이 주요 목적이기 때문이다(권대봉, 1996: 18). 다시 말하면, 직장은 대부분의 성인들이 삶을 구체적으로 실현해 나가는 공간이다. 이런 직장에서 이루어지는 교육은 학교를 마치고 사회[일터]에 나와서 받는 교육이다. 달리 말하면, 일터교육이라고 할 수 있으며, 일반적으로 학교 이외에서 실시되는 의도적이고 조직적인 교육활동이다.

과거, 학교교육이 미래의 생활을 준비하는 교육으로 인식되던 시기에는, 학교교육이 직장이나 일터교육을 담보하는 것으로 이해되기도 했다. 그러나 이제 과학기술의 발달과 고도의 산업화 · 정보화 · 세계화 등 급격한 사회변화로 인해 가치관과 생활방식이 달라지고, 지식 · 정보의 양이 급증하면서 학교에서 배운 지식만으로는 생존할 수 없는 시대가 되었다. 따라서 새롭게 등장하는 지식을 지속적으로 학습해야 하는데, 특히 직장의 생산성 증대와 생존을 위해서는 더욱 적극적으로 새로운 지식을 교육해야만 한다. 이에 일터, 즉 직장은 새로운 교육의 장으로 매우 중요하게 부각되었다(권대봉, 2001a: 149-153).

일터교육은 흔히 인적자원개발[HRD : Human Resource Development]로 일컬어진다. 인적자원개발은 직장의 생산성 증대와 개인의 성장가능성을 목표로 일정기간 동안 고용자가 제공하는 조직화된 학습경험을 말한다. 기존의 학교교육이 개인의 성장과 발전에 초점이 맞추어져 있었다면, 직장교육은 인적자원개발을 중심으로 직장이라는 조직의 생산성 증대를 보다 강조한다.

직장의 인적자원개발을 통한 생산성 증대는 급격한 사회변화와 함께 대부분의 기업체에서 시도되고 있다. 그 이유는 첫째, 기업환경의 변화 때문이다. 외부적으로 날로 격화되는 국제경쟁과 통상압력, 경제블록화 등 시장이 끊임없이 변화한다. 이런 가운데 기업이 살아남기 위해서는 교육을 통해 기업을 혁신해야 한다. 내부적으로도 사무자동화, 공장자동화 등 일터 자체의 변화, 근로자의 가치관 변화, 3D 업종의 기피현상, 저성장 · 고임금으로 인한 노동생산성 저하 등 인력의 변화를 겪으면서 기업은 생존경쟁에 매달리고 있다. 둘째, 학습패러다임의 변화와 관련된다. 전통적인 교육이나 학습양식은 정해진 내용의 지식을 학습자에게 전달하는 것이 주류였다. 그러나 직장교육은 기업이라는 조건과 구성원의 대부분을 차지하는 성인학습자의 특성상, 학습자가 주체가 되어 능동적으로 기업의 요구와 직장의 생산성 향상을 위한 자기주도적 학습이 요구되었다. 특히, 기업에서 인적자원개발이 강조되는 이유는 다음과 같은 인식 때문이다.

첫째 조직의 문제는 근본적으로 사람의 문제이다. 기업이 성공하기 위해서는 구성원의 능력도 중요하다. 그러나 대인관계의 화목함이나 업무 만족도 등이 성패를 좌우하는 핵심요인일 때가 허다하다.

둘째 기업 고유의 역량을 발휘하여 경쟁력을 제고해야 한다.

현대사회는 기업의 핵심역량이 물적자원이나 재정능력이 아니라 새로운 지식을 창출할 수 있는 사람의 아이디어를 중시한다. 따라서 무엇보다도 고유한 핵심역량을 발휘할 수 있는 사람의 소중함을 깨우쳐 기업의 생존을 담보해야 한다.

셋째 직장은 자아실현의 장이다. 현대인들은 대부분의 생활을 직장에서 보낸다. 이제 직장은 단순히 생계를 위해 노동력을 교환하는 장소 이상의 의미를 지닌다. 그러므로 일터에서 삶의 보람을 찾고 인생을 실현하려는 근무환경을 보장해야 한다.

이런 상황에서 직장 내의 교육, 즉 인적자원개발은 일터의 생존과 관계되어 어느 때보다도 중시되고 있다.

### 4) 사회기관

가정과 학교, 직장 이외의 교육활동이 이루어지는 공간으로는 각종 사회기관이 있다. 지역사회의 도서관이나 박물관, 학원, 각종 문화센터, 예술공연장, 청소년교육기관, 사회복지관, 종교기관 등 다양한 사회교육의 형태가 이에 속한다. 사회교육은 유아, 청소년, 성인, 노인을 막론하고, 모든 세대를 대상으로 하는 조직적이고 계속적인 교육활동이다. 따라서 학교나 직장과 같은 다른 교육공간과 구별되는 특성과 역할을 지니고 있다(김용헌, 1998: 88-99).

첫째 사회교육은 학습자가 스스로 참여한다. 사회교육을 찾는 학습자는 자신의 필요에 따라 학습내용을 선택하고, 스스로 자신의 요구와 수요를 충족시키며, 자아의식을 성숙시키려고 한다.

둘째 사회교육은 비용이 저렴하며 학습기간이 비교적 짧다. 대부분의 사회교육기관은 국가 및 지역사회, 공공기관에서 주민들을 위한 체계적 교육프로그램과 공공시설을 제공한다. 게다가 정부나 기업의 협조를 받는 전문성을 갖춘 자원봉사자들이 활동한다. 따라서 주민이나 시민에 대한 복지 차원의 성격이 강하다. 그것은 비용의 저렴화로 이어진다. 그리고 비용 및 효과성과 직접 관련 있는 것이 학습기간이다. 가능한 한 짧은 시간 내에 설정된 학습목표를 달성하고, 학습자의 생활형태와 관련하여 즉각적·직접적으로 활용할 수 있는 기능학습을 중시한다.

셋째 사회교육은 학습자의 요구에 기초하고, 때로는 취업과 연결되기도 한다. 사회교육은 학습자의 요구를 명확하고 즉각적으로 수용할 수 있도록 그 목표설정에 우선순위를 둔다. 때문에 교육과정은 연속적이고 기술적이며 필수적인 것보다는 취사적이고 선택적이며 융통성이 풍부한 경향이 강하다. 교육과정의 편성은 학습자의 진정한 관심, 동기와 희망사항을 학습자가 발견할 수 있도록 최대한 노력한 결과를 토대로 이루어진다.

사회교육이 취업과 연결될 수 있는 기능은 두 가지이다. 하나는 현재 취업 중인 사람에 대해, 급속하게 발전하는 과학기술문명과 정보에 대한 계속교육을 실시하여 그들이 지속적으로 직장에서 능력을 발휘할 있도록 취업의 계속성을 부여할 수 있다. 다음으로는 현대의 학교교육이 그 규모의 거대성과 획일성으로 말미암아 개인의 적성에 따른 진로지도를 소홀히 할 수 있는 데 대한 보완체계로 그 수정의 기회를 제공할 수 있다. 예를 들면, 졸업장이나 학위취득보다는 현실적으로 필요한 자격증 취득을 목적으로 운영된다.

넷째 사회교육에서는 교수자와 학습자 간의 관계가 수평적이다. 사회교육 활동은 학습자 중심이고 개별적인 것이며, 자아의식과 교육과정이 학습자에 맞추어 설정된다. 따라서 교수자는 학습자 위에 군림해서는 안 된다. 학습자와 교수자의 관계는 수평적이다. 이 때 교사는 도움을 주는 사람[Helper], 능력 제공자[Enabler], 촉매자[Catalyst]로서의 역할을 하게 되어 전통적인 교사와는 다른 성격을 지닌다. 이런 역할을 수행하는 사람을 조력자[Facilitator]라고 부른다. 조력자는 반드시 일정한 자격을 구비한 교사가 아니라도 - 예컨대, 전문가를 보조하는 조수나 비전문인의 경우에도 - 교사가 될 수 있다. 마찬가지로 지도력이 있거나 특정한 분야에 높은 기능과 지식을 보유하고 있는 사람도 학습자가 될 수 있다.

사회교육은 그 역할상, 보완학습이나 보충학습을 핵심으로 하는 대안학습의 성격이 강하다. 특히 가정이나 학교, 직장과 같은 교육공간이 제공하는 교육을 보완하거나 이를 완성하는 데 기여할 수 있다. 따라서 사회교육은 유아에서 노인에 이르기까지 다양한 학습자층을 갖추고, 무엇보다도 학습자들의 요구사항을 파악하여, 가정이나 학교, 직장에서 하지 못한 교육을 보충하는데 기여해야 한다.

보완교육은 정상적으로 요구되는 학습의 내용과 활동이 학교의 교실이나 직장에서 이루어지기 부적절한 것들을 대상으로 한다. 예컨대, 운동모임이나 취미활동, 각종 학회와 단체활동, 연극반, 합창반 등 과외활동은 학교나 직장의 정규과정 외에 이루어지는 경우가 많다. 그러므로 학교나 직장의 시설을 이용하기보다는 외부의 사회교육기관의 시설이나 인재, 단체를 활용하는 경우가 많다.

보충교육은 어느 정도 학교교육을 이수한 사람, 유사한 기관이나 단체에서 계속학습의 기회를 제공하는 일이다. 문맹자에 대한 기초문맹교육, 문해자에 대한 기초문해교육, 각종 직업훈련과 같은 기능훈련교육, 영농훈련과정, 가족생활교육, 가정경제교육 등이 여기에 포함된다.

이들 학습내용은 주로 학습자의 특정한 실제 상황과 연결되고, 일상생활과 직업생활에서 즉시 활용할 수 있는 기능을 학습자들이 함양할 수 있게 한다.

**❤참고자료 7 : 청소년을 위한 ○○시의 사회교육 사례**

○○ 청소년 공부방
○○ 야간학교
○○ 예절교육관
○○ 향토학교
○○ 정보화교실
○○ 소외계층 지원

### 5) 가상공간: 인터넷 사이버

교육의 마당에서 혁명적 변화를 겪고 있는 것이 바로 가상공간, 이른바 인터넷 사이버 교육이다. 흔히 정보화로 대변되는 정보통신기술의 발달은 언제, 어디서, 누구나 원하는 교육을 받을 수 있게 만들었다. 이것의 대표적인 사례가 바로 다양한 콘텐츠를 바탕으로 이루어지는 사이버 교육이다.

인터넷은 일반적으로 네트워크, 혹은 웹으로 불리며, 무수히 작은 네트워크들을 서로 연결하고 있다. 그것은 공간적으로 떨어져 있다 하더라도 다른 사람과의 통신, 정보검색, 그리고 원격에서 파일을 획득할 목적으로 사용된다. 이런 인터넷은 정보의 양이 끊임없이 늘어가는 시대에, 거대한 정보의 창고이다. 그 속에는 정보뿐만 아니라, 비슷한 관심사를 가지고 있는 집단들도 존재하고 있다. 네트워크의 연결은 이들과의 정보교환 및 협동적인 문제해결을 가능하게 만든다. 인터넷의 이런 특징은 네트워크를 통해 정보와 지식이 자유롭게 공유되므로, 개인의 학습

뿐만 아니라, 시간과 공간의 제약을 벗어나서 협동적으로 학습하거나 팀 학습도 가능하다.

이처럼 인터넷을 활용한 사이버 교육은 누구에게나 열려 있는 교육의 마당이다. 이는 모든 사람들에게 교육의 기회를 제공하여 교육을 개방하고 확대한다. 아직도 여러 가지 이유로 학교 교육이나 면대면 교육을 통해 지식이나 기술, 학위 등의 자격증을 얻지 못한 사람들이 많다. 인터넷 가상공간은 그런 사람들에게 학습이 가능한 교육체제를 제공함으로써 교육기회를 다양하게 열어준다.

그러나 인터넷 사이버 교육의 전제는 기본적으로 인터넷에 안정적으로 접근할 수 있는 환경의 조성이다. 기본적으로 컴퓨터가 있고 통신망이 설치되어야 하며, 그것을 활용할 수 있는 능력도 구비해야 한다. 이런 사이버 교육 마당은 점차 증가하는 추세에 있으며, 원격교육연수원, 사이버 대학, 각종 사이버 강좌 등 다양한 형태로 운영되고 있다.

이러한 인터넷 사이버 교육은 교육적 · 사회적 차원에서 다음과 같은 특징을 지닌다(권대봉, 2001a: 180-185).

교육적 차원에서는 학습자 중심의 교육환경과 상호작용적 학습을 실천할 수 있다. 학습자 중심의 교육환경은 학습내용의 종류와 수준, 학습의 분량, 속도와 횟수, 학습시간과 장소 등 학습과정 전반에 걸쳐 학습자의 여건에 따른 자율적 선택권이 보장될 수 있다. 다시 말하면, 학습자는 스스로 자신의 수준에 맞는 교육내용을 선택하고 자신에게 적절한 시간에 접속하여 자신의 여건에서 학습속도를 조절할 수 있다. 동시에 상호작용적 학습

[그림 21] 인터넷을 활용한 학습장면

이 가능하다. 학습자는 인터넷을 통하여 필요한 정보와 지식을 획득하여 사용할 수 있을 뿐만 아니라, 교수자와 학습자, 학습자 상호간의 정보교환 및 의사소통의 수단으로 이용할 수 있다.

사회적 차원에서 인터넷 사이버 교육은 교육기회의 확대와 평등을 실현하는 데 기여할 수 있다. 예를 들면, 전통적인 학교교육을 받지 못했거나, 급변하는 시대의 다양한 지식 기술을 습득하려는 사람들에게도 사이버 교육을 통해 학습기회를 제공함으로써 교육의 기회를 확대하고 개방할 수 있다. 이러한 교육기회의 확대는 학교나 직장에서 벌어지는 기존 교육체제를 보완할 수 있다. 뿐만 아니라, 사회적 약자이자 교육적으로 배려해야 할 장애인들도 시간과 장소에 구애받지 않고 자신이 원하는 교육을 받을 수 있다.

앞에서도 언급했지만, 인터넷 사이버 교육은 기본적으로 인터넷에 안정적으로 접근할 수 있어야 가능하다. 사이버 교육의 인프라가 구축되어 있을 때 유효성을 발휘할 수 있다. 그것은 교육기회의 불평등 해소라는 측면에서 정보인프라의 빈익빈 부익부를 해결하는 문제와 연관된다.

## SECTION 3 교육시간의 연장: 평생학습교육

### 1) 평생학습교육의 등장

현대사회는 급변하고 있다. 이른바, 디지털digital 시대, 즉 속도를 생명처럼 여기며 사회가 전개되는 듯하다. 정보사회의 총아라고 하는 컴퓨터만 해도, 어제 나온 제품이 오늘의 새로운 모델에 자리를 내준다. 이처럼 교육도 아주 짧은 시간에 상황이 뒤바뀐다. 그만큼 지속력이 떨어진다는 말이다. 과거에는 태교胎敎를 비롯하여 가정교육, 학교교육이 매우 중시되었다. 동·서양을 막론하고 제도교육의 등장은 학교교육을 교육의 핵심적 지위에 올려놓았다. 특히 서구 근대 공교육 체제의 전개는 학교교육이 교육의 전체인 것처럼 그 영향력을 발휘해 왔다. 그러다 보니, 지금까지도 교육은 학교교육과 같은 개념으로 이해되어 왔다.

그러나 시대상황의 변화는 학교교육으로 대변되던 교육에 새로운 의미를 더해 주고 있다. 우리의 교육현실을 볼 때, 현재 학교교육은 전반적으로 사회의 수요에 부응하지 못하는 경우가 많다. 뿐만 아니라, 이론과 실제 간의 괴리로 교육의 효과도 저하되고 있다. 즉 현대 지식기반정보사회에서는 이미 학교가 담당할 수 없는 기능이 많다는 것이다. 이런 와중에 학교교육의 한계는 더욱 노출되었고, 과거에는 경험하지 못한 학교의 해체, 교실의 해체가 도처에서 일어나고 있다. 더구나 정보화사회의 기술발달은 간편한 이동성, 사용자 편이성, 그리고 빠른 속도와 같은 특성을 보인다. 이와 같은 기술발달이 혁명적으로 진행되는 상황에서 교육은 평생교육, 열린교육이 가능하도록 교육인프라 구축을 요구하고 있다(이옥화, 1996: 476). 이는 전통적 학교교육의 일대 변화를 재촉한다.

정보화사회에서 평생학습교육은 어떤 역할을 담당해야 하는가? 평생학습교육의 주요한 목적은 개인적 차원에서는 인간 삶의 질 향상이며, 조직적 차원에서는 조직문화의 발전 및 조직의 생산성 향상이고, 국가적 차원에서는 국민들에게 자아실현과 복리증진을 꾀하고 나아가 국력을 신장시키는 데 있으며, 세계적 차원에서는 국제사회와 문화의 이해를 도모하는 데 있다.

지식정보화사회의 도정에서 평생학습교육은 사회변화에 따른 인간의 자율적 요구로 볼 수도 있고, 사회적응의 문제일 수도 있다. 그리고 변화하는 사회에 맞춰 교육 역시 지속적 변화가 진행되어야 한다. 변화하는 사회 속에서 인간의 일생 자체가 시기적절한 학습과 교육과정이어야 한다. 특히 포스트모더니즘으로 통칭되는 탈 산업사회에서 이전의 학교교육만으로는 사회문제를 대처할 수 없게 되었다. 이는 전통적인 교육목표에 회의를 던진다. 즉 단일하고 획일적인 교육목표가 아니라, 다원성과 다양성에 걸맞는 교육을 요구한다(김정환 · 강선보, 2005). 평생학습교육도 이런 차원에서 이해할 수 있다.

**❤ 참고자료 8 : 한국의 「평생교육법」 제4조 평생교육의 이념**

① 모든 국민은 평생교육의 기회를 균등하게 보장받는다.
② 평생교육은 학습자의 자유로운 참여와 자발적인 학습을 기초로 이루어져야 한다.
③ 평생교육은 정치적·개인적 편견의 선전을 위한 방편으로 이용되어서는 아니 된다.
④ 일정한 평생교육과정을 이수한 자에게는 그에 상응한 사회적 대우를 부여해야 한다.

### 2) 평생학습교육의 의미

평생학습 혹은 평생교육이란 용어가 사용되기 전부터, 인간의 삶은 학습과 교육의 과정 자체였다. 태어나서 죽을 때까지 인간 상호간의 관계망을 통해 묻고 배우고 답하며 성숙해 가는 삶의 전개과정이 교육이었다. 그러므로 엄밀한, 혹은 광의의 의미에서 교육은 삶과 일치하는 평생교육이다. 미국의 듀이 역시 '생활 = 교육'이라는 표현으로 이를 대변해 주었다. 그러나 학교교육이 교육의 전반을 차지하던 전통교육에 대하여, 서구 교육에서의 평생교육은 사회교육이나 성인교육에 대한 관심에서 도출되어 나왔다.

사회교육이나 성인교육에 대한 관심은 과학기술의 진보, 산업의 발달, 사회문화의 복잡화와 궤적을 같이한다. 특히 2차 세계대전 이후, 급격한 사회변화는 학교교육을 마친 후에도 계속 학습을 하도록 만들었다. 그것의 주도적인 기구가 1945년 11월 연합국 교육장관들로 구성되어 발기한 유네스코UNESCO였다. 유네스코는 대중들을 위한 우선사업으로 기초 성인교육운동[Fundamental education]을 강조했다.

*기초 성인교육의 1차적 목표는 문해교육이다. 세계의 어두운 지역, 즉 무지와 몽매 속에 갇혀 있는 지역에 계몽의 불을 켜주는 일은 우리들이 노력을 기울여야 할 가장 긴급한 분야이다. 그뿐 아니라, 문해 교육은 과학기술의 진보와 보다 나은 건강과 효과적인 농업과 공업발전의 전제조건이 된다. 그러나 문해교육만으로는 충분치 못하다. 문해교육은 전체 교육체제와 연결되어야 하고, 일반 사회교육과 연결되어야 하며, 동시에 건강과 직업, 시민 자질에도 연결되어야 한다(UNESCO, 1947).

당시 세계적인 차원에서 성인교육은 기본적으로 문해교육에 초점을 맞추고 있었다. 이른바, 후진국들에 대한 계몽운동이 가장 시급한 문제였다. 그 다음으로 과학기술 진보의 전제조건으로서 지식습득과 관련된 교육이었다. 그리고 나아가서 전체 교육과의 연관성 등 포괄적 의미를 담고 있었다.

또한 허친스(R. M. Hutchins, 1899~1977)가 '학습사회[The Learning society]'를 주창한 이후, 시대변화와 평생학습교육에 대한 인식이 드높아졌다. 허친스는 학습사회를 "모든 사람들이 언제, 어느 때라도 성인교육을 받을 수 있을 뿐만 아니라, 학습달성 및 인간적인 것을 목표로 하고, 모든 제도가 그 목적의 실현을 지향하고자 하는 것과 같은 가치의 전환에 성공한 사회"로 규정하였다(권두승, 1995: 22). 이는 일생동안의 학습이 필요한 교육의 전체적인 방향을 담고 있다. 즉 허친스의 문제의식은 교육에 대한 근본적인 고민이었다.

> 미국에는 다른 나라처럼 수많은 성인들이 학교를 졸업한 후에도 학습을 계속하도록 유인하는 동기들이 존재하지 않는다. 미국에서의 동기란 정치적 힘을 얻고, 사회적 출세를 하고, 많은 돈을 버는 것과 관련된 것들이다. 그런데 민주주의 사회의 진정한 힘은 국민들의 자질에 달려 있다. 국민들의 자질이란 그들이 성취한 도덕적 · 지적 · 심미적 · 정신적 수준이며, 국가가 지향하는 가치위계에 대한 국민들의 이해수준과 헌신수준을 의미한다. 우리가 추구하는 것은 지혜이다. 즉 통찰과 이해를 통한 지혜 말이다(R. M. Huntchins, 1996: 49-57).

사회변화는 인간의 삶을 추동한다. 인간은 그 변화를 읽으며 삶을 지속하고 일생동안 학습한다. 왜냐하면 민주주의를 지속하려는 진정한 힘, 삶의 지혜를 위해서이다.

평생학습교육은 허친스의 이러한 생각을 더욱 구체적이고 포괄적으로 발전시켜 나갔다. 그리고 그 개념의 공통점은 그것이 어디에서 사용되고 있든지 간에 다음과 같은 내용을 포함한다.

첫째 교육의 기간을 전 생애까지 확대한다.
둘째 교육의 내용인 지식을 인간의 삶에 직접 관련짓는다.
셋째 교육의 궁극적 목적을 개인의 자아실현에 두고 자기주도적 학습을 촉진시킨다.
넷째 모든 형식적 · 비형식적 · 무형식적 교육활동을 포함한다.

이러한 평생학습교육의 개념을 교육적 차원에서 명확하게 이해하기 위해, 몇몇 사람의 의견에 주목할 필요가 있다(김종서 외, 1987; 권두승, 1995).

먼저, 랭그란드(Lengrand)는 "개인의 출생에서 죽을 때까지 생애에 걸친 교육[수평적 차원]과 개인 및 사회 전체의 교육[수직적 차원]의 통합"이라고 하여 교육의 통합성과 종합적 교육체제를 강조하고 있다. 다음으로 데이브(Dave)는 "개인 및 집단의 삶의 질을 향상시키기 위하여 개인의 전 생애를 통하여 인격적, 사회적, 직업적인 발전을 실현시켜 나가는 과정"으로 설명했다. 또한 크로페리(Cropley)는 "자아실현"으로 규정했다. 이렇게 철학적 측면에서 평생학습교육은 '생활', '자아실현과 자기성취', '사회발전'의 향상을 위한 교육으로 이해할 수 있다. 이를 전체적으로 통합하여 이해한다면 다음과 같이 언급할 수도 있다.

평생학습교육은 인간의 삶의 질 향상이라는 이념추구를 위해, 태교에서부터 시작하여 유아교육, 아동교육, 청소년교육, 성인교육, 노인교육을 수직적으로 통합한 교육과 가정교육, 학교교육, 사회교육을 수평적으로 통합한 교육을 총칭한다. 그것은 개인의 잠재능력을 신장시켜 사회발전에 참여하는 능력을 최대한으로 개발하는 것을 목적으로 한다.

다시 정리하면(권대봉, 1996: 20) "평생학습교육은 학교의 정규과정 외에 교육 및 비 학교기관의 교육으로서, 국민의 자질을 향상시켜 삶의 질을 높이는 데 기여하고, 국가 사회가 발전하는 데 도움을 주는 일체의 교육"이라고 볼 수 있다.

**❤참고자료 9 : 「쾰른헌장」 "평생학습의 목적과 희망"**

모든 사람들은 국민들이 다음 세기를 살아가는 데 필요한 지식, 기술, 자격을 습득할 수 있는 환경, 즉 학습사회를 구현하는 것을 중요한 과제로 삼고 있다. 또한 사회와 경제는 점차 지식기반으로 나아가고 있으며, 교육은 경제적 성공, 사회적 책임, 사회적 일체감을 실현하는 데 필수불가결한 요소가 되고 있다. 다음 세기는 변화와 유동성을 핵심으로 하는 시대가 될 것이다. 따라서 국민들이 유동적인 세상, 급변하는 세상에서 살아남기 위해서는 교육과 평생학습이 뒷받침되어야 하며, 국가는 국민들에게 교육과 평생학습의 기회를 보장해야 한다.

– 1999년 6월 독일 쾰른 "G8 정상회담"에서

## 생각해 볼 문제

01 현대사회의 가정은 '핵가족', '1인가정', '다문화가정' 등 다양한 형태로 바뀌고 있다. 전통사회의 가정에서 이루어지던 교육과 현대 가정에서 이루어지는 교육은 어떤 형태로 바뀌고 있는지, 자신이 속한 가정의 형태와 비교하며 논의하시오.

02 학교가 지닌 역할 중에서 가장 중요하다고 생각되는 부분은 어떤 것인지, 자신의 생각을 제시하시오.

03 인터넷의 발달로 사이버 교육이 점차 증가하고 있는 추세이다. 온라인on-line 사이버 교육은 기존의 오프라인off-line 교실 교육에 비해 어떤 장·단점이 있는지 논의하시오.

Chapter 4

# 교육의 기본요소

1. 개 요
2. 교 사
3. 학 생
4. 교육내용
5. 교사-학생 관계

# SECTION 1 개 요

넓은 의미로 볼 때, 교육은 인간의 삶이요, 행위 자체이다. 그것은 가르치고 배우는 사람 사이의 관계를 핵심으로 한다. 특히 제도화·형식화를 거친 여러 가지 교육의 공간 중에서 학교교육이 차지하는 비중은 막대하다. 대부분의 인간이 학교를 통해 인격을 가다듬고 사회화 과정을 거친다. 이러한 학교교육이 이루어지기 위해서는 반드시 교육의 주체들이 있어야 한다. 즉 교육을 실천하는 교사와 학생이 있어야 한다. 교사와 학생 어느 한쪽이 없다면 교육은 무의미하다. 아울러 교사와 학생 사이에서 이 둘을 연결하여 상호작용할 수 있는 매개물이 필요하다. 이 매개물은 인류문화의 보편적이면서도 핵심적인 특성을 담아야 하고, 교육내용으로서 기능하게 된다.

때문에 교육은 교육자-학습자-교육내용이 동시에 어울릴 때 적절히 이루어진다. 어느 하나라도 결핍되면, 교육은 절름발이가 되고 만다. 이 세 가지는 교육을 구성하는 기본요소로서 교육의 3요소[the three elements of education]라고 한다. 가르치는 사람인 교육자, 배우는 사람인 학습자, 가르침과 배움을 매개하는 교육내용, 달리 말하면 교사, 학생, 교재이다. 이 세 가지가 교육을 성립시키는 필수불가결의 요소이다. 교육활동은 이 세 요소가 상호실천적으로 교섭할 때 가치가 증폭된다.

교사는 다른 표현으로 교수자라고 하고 학생은 학습자라고 한다. 교사는 무언가 가르치고 전달해 주며 학생은 무언가에 대해 배우고 익히는 사람을 통틀어서 말한다. 가정에서는 부모-자녀가, 학교에서는 교사-학생이, 기업이나 사회기관에서는 지도자-구성원이 교수-학습자일 수 있다. 넓은 의미로 보면, 인간관계에서 가르치고 배우는 위치에 있는 사람은 모두가 교수-학습자이다. 현대사회는 급변하는 시대 추세에 따라, 일생동안 교수-학습을 요구하는 평생교육의 시대이다. 동시에 전 사회의 구성원이 학습해야 하는 학습사회이다.

교육은 교수-학습자가 성장가능성이 있다는 전제 하에 성립한다. 성장가능성이 없다면 교수-학습할 필요가 없을 것이다. 그리고 교수-학습자는 성장을 통하여 변화할 수 있다. 교육이 교수-학습자를 바람직한 상태로 변화시킨다고 했을 때, 그 변화는 가정과 사회, 국가와 인류를 변화시킬 수 있는 원동력으로 작용한다.

다시 강조하지만, 교육은 교사-교육내용-학생 사이의 유기체적 활동이다. 그 중에서도 교사-학생 사이의 관계는 교육의 성패를 결정할 수 있다. 특히, 학생의 인간성, 사람됨은 인간적인 교사의 인간적인 교육방법에 의해 계발될 수 있다. 즉 교육내용이 아무리 인간적인 것이라 하더라도, 인간성이 결여된 교사에 의해 비인간적인 방법으로 가르치게 된다면, 학생은 결국 비인간적인 '어떤 것'을 학습하게 된다. 결국, 훌륭한 교육은 인간적인 교사에 의해 이루어지며, 교사가 학생을 수단시하지 않고 인격적 주체로 파악하는 상호인격적 관계 속에서 가능하다.

본 장에서는 교사와 학생, 교육자와 학습자를 두 축으로 그 특성과 역할을 설명하고, 교육내용의 의미에 대해 간략하게 언급한다.

| 관계의 기초 | 관계의 변화 | 특 징 |
|---|---|---|
| *유기체적 연관<br>교사<br>학생 교육내용 | 교사 ⇒ 교육내용 ⇒ 학생 | 전통적 교사주도교육 |
| | 교사 ⇒ 교육내용 ⇐ 학생 | 학생의 적극적 관심<br>교육내용 학습 |
| | 교사 = 교육내용 ⇐ 학생 | 학생의 교육내용 자기화<br>교육내용 이해 |
| *변증법적 상호작용 | 교사 = 학생 | 독립된 학생[학습자]<br>자기주도적 학습 |

[그림 22] 교육의 3요소와 관계의 변화

## SECTION 2 교 사

### 1) 교사와 교직을 바라보는 관점

교사는 교육에 종사하는 사람을 통칭하는 말이다. 한국 사회에서 교사는 다양한 표현을 통해 사회적 책무성을 부여받아 왔다. "교사는 사랑이 있어야 한다", "교과목에 대한 실력이 있어야 한다", "학생들을 이해할 줄 알아야 한다", "돈을 모르는 청렴결백한 선비가 되어야 한다", "도덕적이고 착한 행실만을 몸소 실천해야 한다", "사회를 순화하고 정화하는 데 앞장서야 하며 근본적인 책임을 져야 한다" 등등(정우현, 1988: 14). 교사가 이러한 책무성을 부여받는 이유는 바로 교육에서 교사가 차지하는 위상과 교육이 지닌 속성 때문이다.

교사의 위상은 교육의 기본요소 중에서도 교육을 주도하는 위치에 있다. 교사 주도적 교육이 지배하던 때는 교육의 주체라고도 했다. 교사는 다름 아닌, 교육을 담당하는 전문 직업인이다. 특히, 인간을 대상으로 하는 교육을 전담한다. 의사나 간호사, 판사나 검사, 변호사도 인간을 다룬다. 그러나 이들은 인간 삶의 일부분 혹은 특정 사안에 관심을 집중한다. 이에 비해 교사는 인간의 정신적 · 육체적 · 지적 · 도덕적 · 사회적 · 정서적인 모든 면을 포괄적으로 다룬다.

일반적으로 교사[teacher]라고 할 때, 적어도 다음과 같은 의미가 포함되어 있다(김정환 · 강선보, 2005: 230).

첫째 공립이나 사립학교[교육기관]에 학생의 지도를 위하여 고용된 사람
둘째 어떤 특정한 영역에 뛰어난 자질을 갖추고 남을 가르치는 사람
셋째 대학에서 교직과목을 이수하고 공식적으로 인정된 교사 자격증을 취득한 사람
넷째 생활 속에서 특정한 내용을 가지고 남을 가르치는 사람

교사는 모든 사람들에게 좋은 영향과 감화를 준다고 기대된

다. 어린이나 어른을 막론하고 그들의 인간적 성장을 조성하는 데 기여한다. 그러므로 무언가 남에게 영향을 미치고 있다면, 교사라 할 수도 있으리라.

핵심문제는 이것이다. 교사는 '올바른 삶을 이끌어주는 사람이어야 한다!' 역사적으로 성인이라고 일컫는 예수나 부처, 공자나 소크라테스, 베토벤과 같은 종교가나 철학자, 예술가들은 보통 사람들의 인생에 깊은 교훈을 주고 있기 때문에 인류의 교사라고도 한다.

**❤참고자료 10 : 스승[교사]의 요건**

옛날에 학생[배우는 사람]에게는 반드시 스승이 있었다. 스승이란 도를 전하고 학업을 가르쳐주며 의혹을 풀어주는 사람이다. 사람은 나면서부터 아는 것이 아닌데, 누가 의혹이 없을 수 있겠는가? 의혹을 가지고 해결하지 못하면서 스승을 따르지 않는다면 그의 의혹은 끝내 풀리지 않을 것이다. 나보다 먼저 태어나고 그가 도[진리]를 들은 것도 나보다 앞섰다면 나는 그를 스승으로 삼을 것이다. 나보다 나중에 태어났더라도 그가 도[진리]를 들은 것이 나보다 앞섰다면 나는 그를 스승으로 삼을 것이다. 나는 도[진리]를 중심에 두고 스승됨의 기준을 고민한다. 어찌 나이가 나보다 많고 적은 것을 따지겠는가? 이런 까닭에 귀하다거나 천하다거나 나이가 많거나 적거나 할 것 없이 도[진리]가 있는 곳이 스승이 있는 곳이다.

– 한유의 「師說」에서

그러나 서구 근대 공교육의 탄생과 더불어 학교교육 제도가 발달하면서, 교사는 좁은 의미로 이해된다. 흔히 '선생님'이라고 할 때, 학교에 재학하는 학생들을 지도하기 위해 자격증을 갖춘 학교교사, 특히 초등 및 중등학교의 교사를 가리킨다. 따라서 교사는 어린 학생들, 미성숙한 아동들을 바람직한 인간으로 인도하고, 개인의 자아실현을 도모하며, 국가 사회 및 인류의 발전에 공헌하기 위해 봉사하는 하나의 직업이다.

이러한 좁은 의미의 학교 교사 이른바, '교직'을 바라보는 관점에는 크게 세 가지가 있다. 성직자로서의 교사, 노동자로서의 교사, 전문직으로서의 교사관이 그것이다.

성직자로서의 교사관은 교사를 성직자처럼 인식하는 관점이다. 즉 교육을 종교적 관점에서 특별한 소명의식召命意識을 지닌 사람들이 수행할 수 있는 것으로 보고, 신성한 직업에 종사한 것으로 간주한다. 교사는 성직자와 같이 인간의 정신적인 면과 영적인 면을 다루기 때문에 세속의 여러 직업들과는 다른 자세로 임해야 한다. 특히 사랑과 봉사, 희생, 헌신, 배려 등 성직자들과 같은 수준의 도덕성을 요구한다.

노동자로서의 교사관은 교사도 노동자라는 관점이다. 교사도 정신적 노동을 통해 생계를 유지하는 노동자이므로 생계를 위해 노동에 종사하는 다른 직종의 노동자들과 본질적으로 차이가 없다. 이런 관점에 있는 사람은 노동조합을 결성한다. 그래야만 교사도 노동의 대가로 보수를 받고 처우 개선과 근무여건 개선 등을 위해 노동 3권을 행사할 수 있다. 또한 집단행동을 통해 정부나 고용주에 맞설 수 있고 교사의 권리를 위해 활동할 수 있다.

전문직으로서의 교사관은 교사를 전문직에 종사하는 일종의 전문가로 보는 견해이다. 교사는 지적·정신적 활동을 위주로 고도의 자율성과 윤리성을 필요로 하는 직업이다. 따라서 교사의 자질함양과 사회경제적 지위향상을 위해 전문직에 맞는 적극적인 노력이 요구됨을 강조한다. 특히, 현대사회에서 강조되고 있는 전문직으로서의 교사는 자기가 가르치는 과목에 대한 해박한 지식과 교육방법에 대한 전문적 지식을 갖추고 있어야 하며, 인간과 사회에 대한 자기 나름의 명확한 교육철학을 갖고 실천해 가야 한다.

이러한 세 가지 차원의 교직관은 모두 소중하다. 따라서 어느 하나의 관점으로 교사를 정의해서는 곤란하다. 교사는 자신의 권리를 확보하기 위해 교직단체에 적극적으로 참여할 필요가 있다. 또한 강렬한 역사의식을 통해 미래를 전망해야 하고, 현대사회의 병폐 중 큰 비중을 차지하는 인간 소외현상을 극복하기 위해 전인적 인격체로 거듭나야 한다. 그리고 전문가로서의 능력은 물론, 학생을 비롯하여 이 사회의 민중과 함께 호흡하는 교사로서 책무성을 지녀야 한다(김정환, 1988: 239-240).

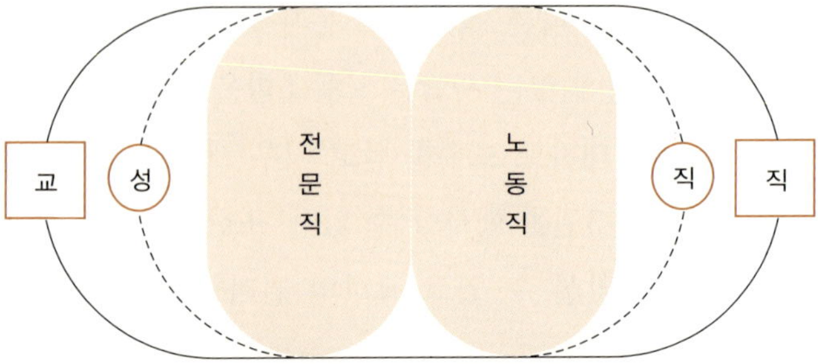


[그림 23] 교직관의 관계이해

### 2) 교사의 자질과 역할, 그리고 임무

교육의 질은 교사의 질을 능가하지 못한다! 이는 교사의 실천에 따라 교육의 효과가 달라질 수 있음을 의미한다. 교사는 학생의 학습지도는 물론 생활지도, 기타 다양한 활동을 통해 학생들의 인지적·정의적·신체적 발달을 촉진할 수 있는 교육환경을 조성해야 한다. 그것이 기본임무이다. 나아가 학생들이 온전한 인간으로 성장할 수 있도록 인간성을 형성시키는 종합예술가의 역할을 해야 한다(이형행, 1993: 337, 정우현, 1988: 356).

그렇다면 교사는 기본적으로 어떤 자질을 가져야 하는가? 바람직한 교사의 조건은 무엇인가?

첫째 교사는 가장 먼저 교사로서의 '자긍심'을 가져야 한다. 스스로 이상적 방향성과 교육철학을 설정하고 이를 실천해야 한다. 그것은 학생들을 향한 애정인 동시에 인류애적 이상이다. 특히, 교사는 자신의 지적 충만을 위해 꾸준히 노력하여 자기성장에 관심을 가져야 한다.

둘째 교사는 교직에 대한 '소명의식'을 지녀야 한다. 교사는 단순한 전문 직업인이나 교과목 내용을 전수하는 기술직에 종사하는 사람으로 머물러서는 곤란하다. 그 범주를 넘어 학생들에게 비전을 제시하고 헌신하는 모범적 자세로 임해야 한다.

셋째 교사는 '사랑과 봉사'의 정신으로 학생들을 배려하고 이해해야 한다. 특히 학생들에게 한없이 베푸는 사랑으로 학생들의 가능성을 인정하고 긍정적 태도를 가지고 책임과 의무를 다할 수 있어야 한다.

넷째 교사는 사람을 '존중'하는 태도를 지녀야 한다. 교사는 기본적으로 인간을 다루는 직업이다. 그러므로 인간에 대한 존경심을 지니고 그를 수단으로 이용하기보다는 그 자체의 소중함을 깨달을 수 있어야 한다.

다섯째 교사는 '전문지식'을 갖추고 실천하는 사람이어야 한다. 교육은 기본적으로 전달하고 익혀야 할 내용이 있다. 그런 교육내용에 대해 전문적이고 해박한 지식을 갖추고, 열정과 정성으로 가르칠 수 있어야 한다.

이런 점에서 교사에게는 너무나 다양한 역할이 맡겨져 있다. 학생들에게 필요한 지식을 가르친다는 입장에서 지식의 보고이자 자원이 되어야 한다. 학생들이 어떤 문제를 해결하려고 노력하고 있을 때, 학습의 조력자로서 참여해야 한다. 또한 학교나 학급 내에서 발생하는 다양한 현상에 대해 심판자 또는 훈육자 역할도 해야 한다. 때로는 부모의 대행자가 되어야 하고, 학생들의 다정한 친구로서 대화해야 한다. 이러한 교사의 역할을 임무 차원에서 이해하면 다음과 같다(Phenix, 1958: 40~56; 김정환 · 강선보, 2005: 239).

첫째 어린이의 유연한 삶에 감화를 주면서 그들을 완전하고 성숙한 하나의 이상적 인간상으로 키워내는 '인격형성 [the making of persons]'

### ❤참고자료 11 : 무명교사들에게

**무명교사들에게**

나는 무명교사를 예찬하는 노래를 부르노라.

전투를 이기는 것은 위대한 장군이로되, 전쟁에 승리를 가져오는 것은 무명의 병사로다.

새로운 교육제도를 만드는 것은 이름 높은 교육자로되, 젊은이를 올바르게 이끄는 것은 무명의 교사로다.

그가 사는 곳은 어두운 그늘, 역경을 당하되 달게 받도다.

그를 위하여 부는 나팔 없고, 그를 태우고자 기다리는 황금마차 없으며, 금빛 찬란한 훈장이 그 가슴을 장식하지 않도다.

묵묵히 어둠의 전선을 지키는 그 무지와 우매의 참호를 향하여 돌진하는 그이어니, 날마다 날마다 쉴 줄도 모르고 젊은이의 적인 악의 세력을 정복하고자 싸우며, 잠자고 있는 영혼을 일깨우도다.

게으른 자에게 생기를 불어넣어 주고, 하고자 하는 자를 고무하며, 방황하는 자에게 안정을 주도다.

그는 스스로 학문하는 즐거움을 젊은이에게 전해 주며, 지극히 값진 정신적 보물을 젊은이들과 더불어 나누도다.

그가 켜는 수많은 촛불, 그 빛은 후일 그에게 되돌아와 그를 기쁘게 하나니, 이것이야말로 그가 받은 보상이로다.

지식은 책에서 배울 수 있으되 지식을 사랑하는 마음은 오직 따뜻한 인간적 접촉으로써만 얻을 수 있는 것이로다.

공화국을 두루 살피되 무명의 교사보다 예찬을 받아 마땅할 사람이 어디 있으랴.

민주사회의 귀족적 반열에 오른 자, 그 밖에 누구일 것인고, '자신의 임금이요, 인류의 종복인저!'

— Henery Van Dyke

둘째 인류의 귀한 경험과 유산을 지식으로 다듬어 다음 세대에 계승시키는 '지식의 계승[verbal transmission of knowledge]'

셋째 자기의 삶을 통하여 바람직한 삶의 모범을 보여주는 '사표[demonstration]'

넷째 학생의 학습의욕을 북돋아주며, 학습을 효과적으로 진행하도록 환경을 마련하는 '환경의 정비[arranging learning situation]'

다섯째 학생의 소질이나 능력을 발견하여 키워주며, 성취해야 할 목표에 비추어 그 성취도를 평가하는 '평가[appraisal]'

여섯째 사회나 학교 안의 여러 교육적 활동에 학생과 더불어 관여하고 귀한 시사를 주는 '참여[participation]'

일곱째 진리와 학생 사이의 중개자가 되어 학생과 더불어 진리에의 길을 걷는 '사제동행[mediation]'

### 3) 교사의 권리와 의무

최일선에서 교육을 담당하고 있는 교사에게 기본권리는 매우 중요하다. 교육은 일회적이거나 단절적이기보다 다층적이고 연속적이며, 교사는 이를 책임지는 주요 구성원이기 때문이다. 예를 들어, 학생이나 학부모, 기타 특정 단체나 개인으로부터 교사가 권리를 침해당한다면 정상적인 교육은 어렵다. 때문에 교육을 실질적으로 보장하기 위한 교사의 권리는 철저하게 보장되어야 한다. 교사의 권리인 교권은 다음과 같이 정의되고 있다.

* 교권은 사회적 제도로서 교육에 종사하는 교원들이 자신들에게 주어진 사회적 역할을 수행하는 데 있어서, 그들이 일정한 기간의 훈련을 통하여 획득한 전문적 지식과 능력의 소유자로서 권위를 인정받고, 부과된 책임과 임무를 이행하는 데 있어서 부당한 간섭과 침해로부터 자신과 자신의 업무를 보호하고, 나아가서 그 전문직에서의 안정된 생활과 최대한의 능률을 기하기 위한 신분상의 보장을 받을 수 있는 조건을 주장할 수 있는 권리이다(한국교원단체총연합회, 1991: 23).

이러한 개념 규정은 학생이나 학부모가 학교교육에 간섭하고 교원의 권리를 침해하는 데 대해, 교사의 권리와 권위를 확보하려는 의도에서 '교사의 교육권'이라는 뜻으로 사용된 것이다. 교사의 자질 및 전문성 향상을 위한 노력은 20세기 중반부터 국제적으로 강조되었다. 1966년 유네스코와 국제노동기구[ILO]는 세계 각국에 교사의 지위에 관한 공통기준을 마련하기 위해 "교원의 지위에 관한 권고"를 선포하였다.

교사의 지위 향상과 교사의 권리 보장은 표리일체의 관계이다. 이 권고문은 교사의 지위향상을 표방하지만, 실제 내용은 교사의 권리보장 사항이다. 특히, 권고문에서 주목할 조항은 교원의 지위결정 요인을 분석한 제1조 제2항이다.

교원의 지위라는 말은 교원이 지녀야 할 직무의 중요성 및 그 직무수행 능력에 대한 인식의 정도에 따라 그들에게 주어지는 사회적 대우 또는 존경과 다른 집단과 비교하여 본 근무조건, 보수 및 그 밖의 물질적 급부 등 두 가지 모두를 의미한다.

이 권고문은 교사의 권리를 ① 전문직으로서의 자유, ② 교원의 책임, ③ 교원과 교육활동과의 관계, ④ 교원의 권리[특히, 단체활동]의 네 개념으로 규정하고 있다. 이는 '교사의 3대 권리'

로 정돈할 수 있는데, 교육자유권, 문화생활권, 신분보장권의 셋으로 구분할 수 있다(김정환 · 강선보, 2005: 247-256).

**첫째, '교육자유권'은 전문직으로서의 교사와 관계된다.**

교사는 법이 허용하는 범위에서 가르칠 내용을 선정하고, 그것을 개성적 방법으로 교수하며, 그 결과를 평가할 수 있는 자유를 지녀야 한다. 교사는 자신이 확보한 전문지식을 통해 전문직으로서의 임무를 수행하는 데 필요한 학문의 자유를 누려야 한다. 교사는 학생에게 가장 적합한 학습지도 자료와 방법을 판단하는 데 특별한 자격을 가지고 있다. 그러므로 일정한 교육과정 내에서 당국의 원조를 받아 교재의 선정과 개선, 교과서의 선택, 교육방법의 적용 등에 중요한 역할을 담당해야 한다.

유네스코의 권고에 비추어볼 때, 한국의 교육현실은 아쉬운 점이 많다. 교사는 전문직으로 자각하지 못하고, 짜여진 교육과정을 기술자가 기술을 전수해 주는 것처럼 가르치는 경우도 많다. 뿐만 아니라, 교사평가나 학력 · 성적평가, 잡무 등 다양한 업무를 강요당하기도 한다. 또한 교사에 대한 학부모의 불만, 교육 당국의 일방적 지시 등 교사로서 자유권을 침해당하는 사례가 끊임없이 발생하고 있다.

**둘째, '문화생활권'은 물질적 보수와 연관된다.**

교사는 그 직분에 합당한 문화생활을 누릴 수 있는 물질적 보수를 받아야 한다. 교직은 영리를 추구하기보다는 봉사하는 직업이다. 그러기에 교사는 교육에 종사하는 본업만으로도 최저

한의 문화생활을 할 수 있어야 한다. 따라서 국가 사회는 교사를 지원해야 할 공공적 책무를 져야 한다. 교사들에게 주어지는 사회적 대우나 존경, 그들의 중요성에 대한 인식의 정도 등 여러 요인은 다른 전문직과 마찬가지로 그들이 놓여 있는 경제적 지위에 달려 있다. 때문에 교사의 지위에 영향을 주는 요인 중에서도 봉급은 무엇보다도 중요시되어야 한다.

한국의 교사들은 다른 전문직에 비해 상대적으로 봉급 수준이 뒤떨어진다. 그것으로는 지속적인 교육이나 연구활동, 문화생활을 즐기기에 매우 부족하다. 다양한 교원복지를 통해 이를 보완할 필요성이 있다.

**셋째, '신분보장권'은 법에 의해 정해진 인사·임용상의 권리보장이다.**

교사의 신분보장은 부당한 인사행정상의 조치에 합법적 소청기회를 부여하는 것이다. 아울러 교직단체를 통해 단체활동을 전개할 수 있는 권리도 포함된다. 즉 취업의 안정성과 신분보장은 교사는 물론, 교육의 안정과 지속을 위해서도 필수불가결하다. 따라서 교육제도 자체가 바뀌거나 또는 교사 조직 내부에 변화가 일어나더라도 보호되어야 한다.

교사는 전문적 지위나 신분에 영향을 미치는 여타의 부당한 행위로부터 충분히 보호될 권리가 있다. 특히, 여성의 경우, 결혼이 교원의 임명이나 계속적인 고용에 지장을 주거나, 보수나 그 밖의 근무조건에 영향을 미쳐서도 안 된다. 임신과 출산휴가를 이유로, 고용자가 고용계약을 종결시키는 일은 철저히 금지되어야 한다. 가정을 책임져야 하는 교원의 경우, 자녀를 돌봐주기 위하여 탁아소나 보육원 같은 특별한 설비도 고려할 필요가 있다. 이외에도, 가정을 지닌 여교원에게는 연고지에서 근무할 수 있도록 하고, 부부교사의 경우, 인접지역의 학교에서 근무할 수 있도록 배려할 필요도 있다.

유네스코의 권고문은 교사의 권익을 보호하기 위한 기본사항이다. 그러나 한국의 교육현실은 이런 권고문과는 거리가 먼 것이 많다. 수시로 교권침해 사례가 헤아릴 수 없을 정도로 많이 발생한다. 부당한 근무조건 개선을 요구한 교사가 직위해제를 당하기도 하며, 기타 여러 사유로 교사가 불이익을 강요당하기

**참고자료 12 : 사도헌장**

오늘의 교육은 개인의 성장과 사회의 발전과 내일의 국운을 좌우한다. 우리는 국민교육의 수임자로서 존경받는 스승이요, 신뢰받는 선도자임을 자각한다. 이에 긍지와 사명을 새로이 명심하고 스승의 길을 밝힌다.

1. 우리는 제자를 사랑하고 개성을 존중하며 한마음 한뜻으로 명랑한 학풍을 조성한다.
2. 우리는 폭넓은 교양과 부단한 연찬으로 교직의 전문성을 높여 국민의 사표가 된다.
3. 우리는 원대하고 치밀한 교육계획의 수립과 성실한 실천으로 맡은 바 책임을 완수한다.
4. 우리는 서로 협동하여 교육의 자주 혁신과 교육자의 지위향상에 적극 노력한다.
5. 우리는 가정교육 사회교육과의 유대를 강화하여 복지국가 건설에 공헌한다.

도 한다. 체벌을 한 교사에게 물질적 보상 등으로 책임을 요구하기도 하고, 매스컴에 의해 교직이 우롱당하기도 한다. 이는 아직도 한국의 교육현실에 비민주적 요소가 남아 있음을 의미하며, 교육에 종사하는 모든 관계자들이 고민해야 할 문제이다.

## SECTION 3 학 생

### 1) 동아시아의 전통적 아동관

학생[아동]을 이해하는 일은 교육에서 매우 중요하다. 왜냐하면 학생은 교육의 대상인 동시에 또 하나의 교육주체이기 때문이다. 교육에서 학생은 교사의 파트너이다. 젓가락처럼, 혹은 새의 두 날개처럼 교사와 학생은 서로 다른 주체이지만, 상호 보완하고 협력하여 동시에 작용할 때 교육적 완결성을 갖는 관계이다.

학생[배우는 사람]에 대하여 동아시아의 고전인 『예기』에서는 그것을 자세하게 설명하고 있다. 아래에 제시하는 것처럼, 학생에게는 네 가지 허물이 있다. 특히, 배움에 임할 때 일정한 행동 패턴을 지닌다. 교사는 반드시 이를 알아야 한다. 그래야만 효과적인 교육을 할 수 있다.

첫째 수업을 듣는 학생들은 대체로, 보고 듣는 내용이 너무 많아, 무엇을 해야 할지 찾지 못하고 헤매기 쉽다.

둘째 어떤 학생들은 보고 듣는 내용이 너무 적어 다른 학생들이 도달한 일반적 수준에 이르지 못하기도 한다.

셋째 가끔씩 학생들은 수업내용이 너무 쉽다고 속단하고, 이를 얕보고 그것보다 좀 더 높은 단계의 어려운 것을 배우려고 우기기도 한다.

넷째 때로는 자신의 능력이나 자질을 낮추어 보고, 어려워서 못 배우겠다고 스스로 포기하고 노력하지 않는 경우도 있다.

그러므로 이런 특성을 지닌 학생은 반드시 자신의 마음을 헤아리고, 잘못을 깨우쳐 그것을 해소하려고 노력해야 한다. 동시에 학생을 가르치려는 교사는 학생을 올바르게 이끌어서, 잘못된 길에서 벗어나게 해주어야 한다. 즉 교사와 학생은 상호작용하여 잘못을 깨우쳐 주고 바른 곳으로 이끌어주며, 자신의 특성을 성찰하여 오류를 시정해야 한다.

학생이 잘못된 길에서 벗어나기 위해서는 교사의 인도도 중요하지만, 학생 스스로 잘 배우고 잘 묻는 것이 중요하다. 배우고 묻는, 학문學問하는 자세와 태도에는 네 가지가 있다. 배우는 측면에서는 잘 배우는 자세와 잘 배우지 않는 자세가 있고, 묻는 측면에서는 잘 묻는 태도와 잘 묻지 않는 태도가 있다.

첫째 잘 배우는 학생은, 스스로 열심히 노력하므로 가르치기가 매우 쉽다. 성적도 남보다 두 배 이상 우수하다. 뿐만 아니라, 그런 학생은 자신의 좋은 성적을 교사의 훌륭한 가르침 덕택으로 돌리고 교사를 삶의 모범으로 삼는다.

**둘째** 잘 배우지 않는 학생은, 교사가 가르치기에 매우 까다롭다. 성적도 잘 배우는 학생의 절반 정도에 지나지 않는다. 뿐만 아니라, 교사의 가르침이 충분하지 않다고 비아냥거리며 원망하기까지 한다.

**셋째** 잘 묻는 학생은, 비유하면 나무를 다루는 것과도 같다. 단단한 나무를 다루려면 먼저 부드럽고 다루기 쉬운 곳부터 손을 대야 한다. 그리고 다루기 어려운 부분은 나중에 손대려고 뒤로 돌려놓는다. 물을 때도 마찬가지이다. 시간이 지나면 어려운 것도 저절로 이해되는 것처럼, 쉬운 것부터 차근차근 물어 점차적으로 어려운 부분으로 나아간다. 그러므로 어려운 것을 묻지 않고도 자연스럽게 모르던 부분을 알게 되어, 지혜로운 학생이 된다.

**넷째** 잘 묻지 않는 학생은, 이와 반대로 행동하기에, 얻는 바가 별로 없다.

배움에서 학생의 물음은 대단히 중요하다. 묻는다는 것은 스스로 그 문제를 해결하려는 의지의 표명이다. 물음을 잘하는 학생을 종을 치는 일에 비유하면 다음과 같다. 종을 칠 때 작은 것으로 치면 작은 소리가 나고, 큰 것으로 치면 큰소리가 울린다. 이처럼 차분하게 허둥대지 않고 천천히 종을 친 후에 그 소리를 다 알 수 있다. 물음을 잘하는 학생은 종을 치는 이치와 같이 침착하다. 유유히 여유를 갖고 차근차근 교사에게 물을 때, 명확한 이치를 깨달을 수 있다. 그런데 잘 묻지 않는 학생은 이와 반대로 행동한다. 따라서 묻는 학생은 마땅히 이런 점에 유의하여야 한다. 이것이 배움에 임하는 학생의 자세요 태도이다.

조선시대 유학자 이덕무(李德懋, 1741~1793)는 『사소절士小節』 「동규童規」에서 어린이[학생]의 특성을 다음과 같이 열거하였다.

- 어린이들은 지나치게 경솔하고 수선스럽고 들뜨고 천박한 버릇이 많다.
- 어린이들은 숨넘어가듯 급하게 말을 하고 허둥대며 허겁지겁 걸음을 빨리 걷는다.
- 어린이들은 깨끗하고 새로운 것을 좋아하는 버릇이 있고, 자신이 직접 그러한 것을 다루어 보려고 한다.
- 어린이들은 천방지축 뛰놀기를 좋아한다.
- 어린이들은 가끔씩 거짓말을 해서 사람을 깜짝깜짝 놀라게 하고, 명치끝을 짓누르고 발목뼈를 후려치며, 바람을 휙휙 일으키며 춤을 추고, 한 발로 폴짝폴짝 걷고, 때로는 곤두박질하며, 다른 친구의 얼굴에 먹칠을 하고, 종이를 말아가지고 남의 콧구멍을 쑤시는 등 애꿎은 버릇이 많다.
- 어린이들은 칼이나 송곳 같은 뾰족하고 날카로운 기구를 가지고 놀기를 좋아한다.
- 어린이들은 말을 할 때, 논리정연하기보다 앞뒤가 맞지 않고 급하다.
- 어린이들은 앉을 때 삐딱하게 기대어 앉고, 오래 앉는 것을 견뎌내지 못하며, 무릎을 흔들고 손을 뒤척이고, 들떠서 항상 돌아다니려고 한다.
- 어린이들은 놀기를 좋아하고 구속받기를 꺼려서, 항상 교

사가 교실에 없기를 바란다.

- 어린이들은 책을 읽을 때, 마음이 몹시 조급하고 산만하여 교사가 가르쳐주는 뜻을 잘 듣지 않으려는 경향이 있다.
- 어린이들의 버릇은 거의 다 '책읽기[지식공부]'를 싫어하고 '일하기'를 꺼려한다.

**❤참고자료 13 : 옛 글방에서 학생이 공부하는 도리**

스승께서 가르치실 때 제자는 이를 본받아 온량溫良하고 공경하며 겸허하게 가르침을 받아야 제대로 배우게 된다. 착한 일을 보면 이를 따르고, 올바른 도리를 들으면 실천한다. 온유하고 효성스럽게 하되 교만하거나 자신의 용맹을 믿지 않아야 한다. 뜻이 헛되거나 사악하지 않아야 하며 행동은 반드시 곧고 바르게 해야 한다.

외출할 때에는 정해진 규정을 지키고, 반드시 덕이 있는 사람을 가까이 해야 한다. 겉으로 드러나는 안색은 정숙하고 장중莊重해야 하며, 마음은 반드시 법도에 합당해야 한다. 일찍 일어나고 밤늦게 자며, 옷과 허리띠는 반드시 가지런히 해야 하며, 아침에는 선생의 가르침을 받고, 저녁에는 배운 것을 익히되, 신중히 해야 한다. 이 일을 한결같이 하고 게을리하지 않는 것을 배우는 법도라고 한다.

학생이 마땅히 해야 할 일은 밤늦게 자고 아침 일찍 일어나는 것이다. 자리에서 일어나 앉은 자리를 청소하고, 세수하고 양치질하며, 맡아서 하는 일을 공손하게 한다.

스승께서 휴식에 들어가면, 제자들은 그 벗들에게 나아가 서로 절차탁마切磋琢磨하여 각각 그 배운 바의 의리를 기른다. 하나하나를 두루 공부하여 게을리 하지 않는 것을 제자의 공부하는 도리라 한다.

–『管子』「弟子職」에서

### 2) 서구 심리학의 학습자 이해

서구에서는 근대 심리학이 발달한 이후, 아동에 대한 과학적 연구가 상당히 심도 있게 진행되었다. 특히 아동발달의 문제를 다양한 측면에서 조명하였다. 인지발달에서는 피아제, 비고츠키, 성격발달에서는 프로이드와 에릭슨, 도덕성 발달에서는 콜버그의 이론이 유명하다.

피아제(J. Piaget, 1896~1980)는, 7~12세경 초등학생 정도 수준에 해당하는 '구체적 조작기' 단계의 학생들은 논리적으로 구체적인 문제를 해결할 수 있다. 이들은 보존의 개념을 이해하고 유목화와 서열화가 가능하며, 가역성을 획득할 수 있다고 인식하였다. 또한 12세 이후, 중학생 정도 청소년기의 '형식적 조작기'에 해당하는 학생들은 논리적으로 추상적 문제를 해결할 수 있고, 복잡한 언어과제나 가설적 문제를 해결할 수 있다. 이들은 가능성과 실재 간의 체계적·논리적 통합이 가능하다. 그러나 이러한 피아제의 이론은 '사회문화적 영향'을 고려하고 있지 않다는 점에서 비판받는다. 이에 사회문화적 영향을 강조한 비고츠키(L. S. Vygotsky, 1896~1934)의 이론이 주목할 만하다. 그는 인지발달은 사회문화적 맥락에서 일어나며, 아동[학생]의 인지적 기술은 부모, 교사, 그리고 다른 유능한 협력자와의 사회적 상호작용에 의해 발달된다고 보았다.

〈표 1〉 피아제의 인지발달

| 단 계 | 주요 특징 |
|---|---|
| 감각운동기(0~2세) | · 감각운동 능력<br>· 단순반사행동에서 목적행동으로 발전<br>· 대상영역성 인식 |
| 전조작기(2~7세) | · 언어 발달 · 자기중심적<br>· 직관적 사고 |
| 구체적 조작기(7~12세) | · 논리성 발달 · 가역성 획득<br>· 보존개념, 유목화, 서열화 |
| 형식적 조작기(12세 이후) | · 추성적 문제해결 · 가설적 문제해결<br>· 가능성과 실재 사이의 논리성 |

정신분석의 측면에서 논의한 프로이드(S. Freud, 1856~1939)의 성격발달은 학생들의 성性 심리를 이해할 수 있게 하는 주요 단서이다. 흔히 6세에서 사춘기에 이르는 초등학생 정도의 '잠복기'에는 성적 본능이 휴면을 취하지만, 아이들은 이 기간 동안 학교활동, 취미, 스포츠, 우정관계 등을 통해 성적 충동을 승화한다. 그리고 중 · 고등학생 정도인 사춘기에 접어드는 '생식기'에 이르면 급격한 신체적 성장과 더불어 호르몬의 변화가 일어나고, 오랜 기간 동안 휴면상태에 있던 리비도Libido가 집중되면서 이성에 대한 관심과 성적 추구가 일어난다. 즉 서로 다른 성적 정체감을 인식하면서 대인관계 욕구를 충족할 방법을 찾는다.

에릭슨(E. Erikson, 1902~1994)은 심리사회적 성격발달을 체계화했는데, 6~12세의 초등학생 때, '근면성 대 열등감'의 시기에 처한다. 이 시기의 아동은 자신의 일인 학교공부에 매진하게 되는데, 성공적으로 보낼 경우, 자신감과 근면성을 획득할 수 있다. 반면, 제대로 보내지 못할 경우에는 실패자라는 생각과 함께 열등감에 휩싸일 수 있다. 12~18세에 이르는 중·고등학생 때는 '정체감 대 역할혼미'의 시기에 이른다. 이 시기 학생들은 자신이 누구이고 무엇이 자신에게 중요한지 고민한다. 그러므로 그들은 자신의 지적이고 사회적이며 성적이고 도덕적인 여러 측면을 자신의 정체감으로 통합하려고 한다. 성공할 경우에는 자아정체성을 형성하지만, 실패할 경우에는 자신의 삶에 대해 지속적으로 혼란을 겪게 된다.

〈표 2〉 에릭슨의 심리사회적 발달

| 단 계 | 심리사회적 위기감 |
|---|---|
| Ⅰ(0~1세) | 신뢰 ↔ 불신 |
| Ⅱ(1~3세) | 자율성 ↔ 수치심 |
| Ⅲ(3~6세) | 주도성 ↔ 죄의식 |
| Ⅳ(6~12세) | 근면성 ↔ 열등감 |
| Ⅴ(12~18세) | 정체감 ↔ 역할혼미 |
| Ⅵ(성인전기) | 친밀감 ↔ 고립감 |
| Ⅶ(성인중기) | 생산성 ↔ 침체 |
| Ⅷ(성인후기) | 자아통합 ↔ 절망 |

콜버그(L. Kohlberg, 1927~1987)의 도덕성 발달에서는 10~13세의 초등학생 수준인 '인습적 도덕성'에 해당하는 아동들의 경우, 다른 사람들을 기쁘게 하고 싶어하고, 다른 사람들의 규준을 준수하고 있으면서, 이런 규준들을 어느 정도 내면화한다. 그리고 자신에게 중요하다고 여겨지는 사람들로부터 '착하다'고 여겨

지기를 원한다. 13세 이후, 중·고등학생이 되면서 청소년기의 수준인 '후인습적 도덕성', 이른바 자율적 도덕성의 시기에는 진정한 도덕성을 획득한다. 이 시기의 학생은 옳고 그른 것에 대한 기준을 갖고, 추론을 통해 행동의 통제를 내면적으로 하게 된다.

〈표 3〉 콜버그의 도덕성 발달

| 수 준 | 단 계 | 특 징 |
|---|---|---|
| 1(4~10세)<br>전인습적 도덕성 | 1 | 처벌과 복종 지향 |
| | 2 | 수단적 목적과 교환 |
| 2(10~13세)<br>인습적 도덕성 | 3 | 착한 소년소녀 지향 |
| | 4 | 사회적 질서와 권위 지향 |
| 3(13세 이후 청소년기)<br>후인습적(자율적) 도덕성 | 5 | 사회적 계약 지향 |
| | 6 | 보편적·윤리적 원리 지향 |

동양과 서양의 학생들, 즉 아동과 청소년에 대한 여러 견해를 종합해 보자.

이제 막 학교생활을 시작하는 초등학생 정도의 발달시기에 있는 학생들은 일반적으로 다음과 같은 특징을 지닌다.

첫째 신체적 에너지가 왕성하여 달리기, 줄넘기, 수영과 같은 운동이나 인형놀이, 소꿉장난과 같은 것에 열중한다.

둘째 지적 행동 측면에서 점차 강한 지적 호기심이 생기고, 흥미가 다양해지며, 꿈이 많아진다. 아울러 과학적 지식도 추구하게 된다.

셋째 정서적 측면에서는 유아기에 비해 안정되어 가기는 하지만, 성인에 비해 충동적이며 일시에 폭발하는 정서적 강렬성을 띠기도 한다. 뿐만 아니라, 사회적으로 인정받고 싶은 욕구가 확대되면서 협동심이 생기는 동시에 경쟁의식이 강해지기도 한다.

넷째 사회성이 현저히 발달하면서, 친구와 또래 집단[peer group]이나 도당徒黨을 만드는 시기[gang age]이다. 그러나 자아와 환경이 혼재되면서도 자아가 환경에 종속되는 때이므로 많은 관심과 배려, 보호가 필요하다.

그러나 중등학교 정도의 청소년 시기에 이르면 학생의 모습은 사뭇 달라진다.

첫째 신체적으로 급격한 성장을 한다. 대부분의 경우, 생리적 기능이 거의 완성되어 성인 수준에 이르고 에너지도 왕성하다. 그리고 성적 성숙기에 도달하여 이성에 대한 강한 관심이 생긴다.

둘째 자아의식이 성숙하여 삶의 바탕을 이룬다. 즉 새로운 자아의식이 싹트고 제2의 탄생을 맞는다. 이른바, 정신적 이유기離乳期나 질풍노도疾風怒濤의 시기를 겪는다. 특히, 자아의식이 강해지면서 모든 행동의 기준을 자기의 척도에 맞추려고 한다. 이상이나 친구, 기호, 취미 등 자기감정에 도취된 주관적 선택이 뚜렷해지고, 추상적·관념적 사고나 비판적 사고에 이끌리기 쉽다. 따라서 자존심이나 독립심이 강해지고, 권위에 반항하며, 갈등이 생기면 심각하게 고민한다.

**셋째** 자아의식의 발달과 함께 사회적 부적응이 발생하기도 한다. 심한 경우, 비행을 저지르기도 하고, 자기감정에 도취되어 이성을 상실하기도 하며, 개인의 특이한 성향을 거침없이 드러내어 타인과 어울리지 못하는 경우도 있다.

이러한 학생의 발달상 특징은 개인의 성장과 성숙을 위해 교육과 학습을 요구한다. 특히, 교육에서 이들을 이끌어줄 교사는 더욱 중요하게 부각된다. 교사는 학생의 발달 특징을 고려하여 개인의 행복한 성장과 사회적으로 건전하게 성장할 수 있도록 배려해야 한다. 때문에 교사는 학생의 특징을 이해할 수 있는 전문성을 갖추어야 한다. 특히 급변하는 시대 추세를 고려하여 학생들의 변화 특징을 성찰하고, 교육에 적용할 필요가 있다.

**❤참고자료 14 : 2000년대 청소년의 특징**

**인터넷 키드 나, ⓝ세대 그들만의 세상 "모든 길은 N으로 통한다"**

1977년 이후 출생한 23세 아래의 대학생·청소년층을 지칭하는 n세대. 이들은 인터넷으로 대표되는 디지털 환경에서 성장, 탈정치·개인주의와 서구적 리버럴리즘이 몸속에 자연스레 밴 21세기형 신세대다. 이들은 정보화·세계화의 첨병이자 패션·소비의 주역으로 떠받들어지는 반면 이들을 상업적으로 이용하려는 각종 대중매체의 홍수 속에서 뚜렷한 정체성을 확립하지 못한 채 방황하고 있기도 하다. 기성세대는 유전자부터 달라보이는 이들에 대해 기대와 당혹감을 동시에 느끼고 있다.

**#1 : [나, ⓝ세대] 1. ⓝ 대학생의 하루 "게임은 나의 삶"**

오전 7시 30분쯤 기상해 학교에 간다. 보통 오후 2, 3시까지 강의를 듣는다. 강의 없는 시간이 2시간 정도 되면 PC방을 찾는다. 주로 '포트리스'나 '퀴즈퀴즈' 게임을 한다.

포트리스는 자신에게 맞는 탱크를 골라 상대방의 탱크와 싸우는 게임인데 한물간 '스타크'에 비해 사람들이 많이 들어오기 때문에 자연 구사하는 전략이 많고 다양하다. 때문에 게임을 통해 '사람 만나는 맛'이 쏠쏠하다. 퀴즈퀴즈는 상식부터 전문지식까지 다양한 문제를 푸는 게임인데 역시 이 과정에서 사람들과 경쟁하며 친해지는 묘미 때문에 즐기게 된다. 리포트 숙제를 할 때도 있는데 가능하면 검색어 입력을 좀 더 정밀하게 해서 다른 리포트와 차별화하려고 노력한다. 그러나 짜깁기는 안 된다며 육필 리포트를 요구하는 교수님들도 있다. 이 경우는 솔직히 골치 아프다. 강의가 끝나면 다시 PC방으로 가 저녁까지 4, 5시간씩 게임을 한다. 지난해만 해도 밤새워 게임을 하고 오전 7시쯤 라면으로 아침을 때운 뒤 학교로 달려가곤 했지만 이젠 좀 철이 들었는지 저녁만큼은 집에서 먹고 부모님과 대화도 한다. 그래도 공부나 집안의 반대만 없다면 며칠씩 게임방에서 게임에만 몰두할 수 있을 것 같다.

게임을 할 때는 야후 음악감상실에서 좋아하는 노래나 뮤직비디오를 다운받는 한편 리포트 자료도 내려 받아 시간을 아끼는 편이다. 채팅도 한 시간 정도 하는데 요즘 친구 사귀는 데는 채팅이 제일 편하다고 생각한다. 취미나 뜻이 같은 아이들끼리 대화를 하기 때문이다. 그러나 채팅 친구는 1주일을 넘기기 힘든 것 같다. 끊임없이 다른 친구들이 나타나고 그들을 만나면서 이전의 친구는 잊혀지기 때문이다.

그러고 보면 나의 하루는 학교수업과 게임방을 오가는 단순한 생활이다. 동아리나 과 활동은 거의 안한다. 내 흥미를 자극할 그 무엇이 없기 때문이다. 아직 직업에 대해 뚜렷한 목표를 세운 것은 없지만 결국은 게임처럼 나의 흥미를 자극하는, 놀이와 일이 결합된 일터를 찾을 것 같다.

**#2 : [나, ⓝ세대] 1. PC방 주인이 본 ⓝ세대 "그들은 외로운 아이들"**

PC방을 n세대는 게임방이라 부르는데 그 말이 맞다. 거의 대부분(약 80% 이상)이 게임에 몰두한다. 그 나머지는 채팅, 인터넷 서핑을 한다. 손님은 고딩(고등학생)이 가장 많고 대학생-중학생-초등학생 순이다. PC방은 아침엔 거의가 증권 시황을 체크하려는 성인들로 메워진다. 그러나 학교가 끝나는 오후 4시가 되면 가방과 교복 차림의 고딩(고등학생)들이 그 자리를 채운다. 물론 대학생, 초등학생도 많이 온다. 여자들은 채팅(특히 화상채팅)을 많이 한다.

n세대는 PC방이 좋아서라기보다 갈 곳이 없어 오는 것 같다. 담배 연기가 자욱하고 어둡지만 남의 눈치를 보지 않아도 되고 편하니까 습관적으로 찾는다. 이들은 새로움만 추구할 것 같지만 그렇지도 않아 보인다. 대부분 지난번 앉았던 그 자리를 찾아 앉는다. 자기만의 파일을 깔아놨기 때문일 수도 있지만 순전히 '그 컴퓨터가 몸에 맞아' 앉는 경우도 많다. PC방 중에 내부가 낡고 지저분해도 '인테리어를 바꾸면 손님이 끊어진다'며 그냥 두는 것도 이와 무관치 않아 보인다.

n세대가 인터넷에 빠지는 것은 30대 이상 세대가 어릴 적 장난전화를 걸던 것과 비슷한 것같다. 장난전화는 자기 집에서 편하게 했던 것처럼 n세대도 단골 PC방만 찾는다. 뜨내기 손님들은 20, 30분만 있으면 대부분 못견디고 그냥 나간다. n세대는 외로움을 많이 타는 것 같다. 표정을 보면 안다. PC방에 습관적으로 와 소일거리를 찾는다. 오랫동안 PC를 붙잡고 있는 아이도 실력이 뛰어난 경우는 별로 없다. 익숙한 극소수의 프로그램이나 게임만 한다. 그렇다 해도 보통 음악감상, 채팅, 게임 등을 한꺼번에 하고 주변이 아무리 시끄러워도 리포트 다운받기에 열중하는 아이도 있는 것을 보면 n세대는 확실히 멀티 태스커들이다. 동영상을 두개 띄워놓고 보는 대학생도 많다.

**# 3 : [나, ⓝ세대] 1. 그들의 실체 "결국... 나는 나"**

정보통신전문지 'i위클리'와 광고회사 'Lee & DDB'가 전국의 초등학교 5년생부터 대학교 4년생까지 1천 명을 대상으로 실시한 'n세대의 라이프스타일' 조사는 통념상의 n세대와 실재하는 n세대 간의 차이를 비교할 수 있게 해 흥미롭다. n세대의 자기정체성과 의식주에 대한 인식을 들여다본다.

- 나, n세대 맞아? 조사 대상자의 68%가 스스로를 'n세대'로 여긴다. 그러나 나이가 많을수록 'n세대가 아니다', '나는 그냥 나'란 반응이 많다(초등학생 31%, 대학생 41%). 조사 관계자는 "n세대의 상당수가 n세대 담론을 기성세대의 상업적 포장술로 의심하는 경향이 있다"고 분석했다.
- 의상에 민감하다. n세대의 'n세대다움'은 옷, 패션관에서 두드러진다. '옷 사는 일이 즐겁다(67%)', '잘 먹는 것보다 잘 입는 게 중요하다(41%)'는 이들은 '상대방 옷차림이 마음에 안 들면 만나기 싫다(51%)'고 한다. 옷 구매 패턴은 '유행에 따른다(53%)'와 '개성대로 고른다(47%)'가 비슷하게 나왔다.
- 먹을거리와 집에 대해선 기성세대와 비슷하다. n세대는 한식(56%)을 가장 선호하며 '식사는 꼭 밥으로 해야 한다'는 응답이 44%, '배부르더라도 음식은 남기지 않고 먹는다'는 응답이 48%로, 아직 기성세대의 음식에 대한 가치관이 남아 있다. 그러나 음식점을 선택하는 기준은 맛보다 분위기와 서비스(54%)를 꼽아 n세대적 스타일을 보였다.

n세대는 또 '내 집'을 중시하는 점에서도 기성세대와 다르지 않았다. '힘들게 저축하며 살더라도 내 집 마련이 급선무'라고 대답한 조사 대상자가 72%에 달해 집 대신 자동차 등 다른 고가품을 선호한다는 통념을 깼다.
아파트 키드들인 n세대는 78%가 '마당 있는 집'에서 살고 싶어한다. '초고속 통신망이 갖춰진 집(73%)', '좋은 가구보다 첨단설비가 좋다(77%)', '혼자 쓸 방이 있어야 한다(77%)'는 반응도 n세대답다.

– 중앙일보(2000. 06. 07) 기획기사에서

## SECTION 4 교육내용

### 1) 교육내용의 의미

교육내용은 교육자와 학습자를 연결하는 매개물[medium]이다. 교육내용에는 인류역사 이래로 축적해 온 지식, 기술, 가치, 행위규범, 물질적 산물 등이 포함될 수 있다. 달리 말하면, 문화를 구성하는 모든 요소가 교육내용인 셈이다.

교육내용은 넓게는 '교육의 재료'라고 한다. 이를 줄여서 일반적으로 교재[educational materials] 또는 도야재陶冶材라고 하며, 좁게는 흔히 교육과정[curriculum]이라고 한다. 이는 교수자의 입장에서 보면 교육지도상의 재료이고, 학습자의 입장에서 보면 교육진행상의 자료이다. 교육의 재료는 교과서나 교구, 주변환경 등 외형적이고 물리적인 것은 물론, 오랜 기간 동안 인류 역사 속에서 조직된 지식의 체계도 중요한 부분을 차지한다. 인류의 다양한 문화요소를 교육하기 위해서는 핵심내용을 체계적으로 구조화하고 조직화해야만 한다. 교과가 대변하는 대상세계를 포괄적이고도 정확하게 담아내야 하며, 그 내용과 활동은 논리적으로 잘 조직되어야 한다.

특히, 지식을 체계적으로 구조화·조직화한 것이 교과서나 교재이다(홍후조, 2002: 24-27). 교과서나 교재에 담긴 교육내용은, 배우는 학생들에게 흥미와 관심을 끌 수 있어야 하고, 수준에 맞게 치밀하게 설계되어야 한다. 그리고 교육내용이 학습자에게 잘 전달되기 위해서는 서로 비슷한 내용끼리 선별되어 모아지는 응집성이 있어야 하고, 학습의 난이도에 따라 순차적으로 제시되는 계열성이 있어야 한다. 뿐만 아니라, 서로 다른 내용들 간에 유기적으로 연결되어 설명되어야 하는 총합성이 있어야 한다.

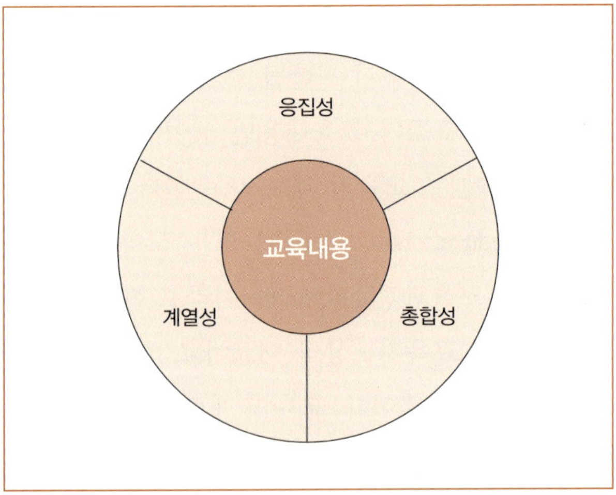


[그림 24] 교육내용의 성격

교육내용은 그 자체가 본질적으로 지智·덕德·체體 혹은 지知·정情·의意라는 교육목적에 기여하고 있다. 그러나 학교의 교육과정상, 국어·영어·수학·과학·역사·지리·체육·음악 등 각각의 교과들은 나름대로의 특징을 지니고 있으며, 제각기 분담받은 교과의 역할들이 모여서 교육 본래의 기능을 종합적으로 수행한다. 예컨대, 인문사회나 과학기술 관련 과목들은 언어정보, 지적 기능, 인지전략 등과 같이 주로 지적 측면을 담당하고, 예술이나 도덕과목은 정서나 태도 행동양식 등 정의적 측면을, 체육과목은 건강이나 보건위생, 신체운동과 같은 운동 기능적 측면을 담당한다. 이러한 교과를 중심으로 하는 교육내용은, 제각기 고유한 특성을 지니면서 상호 협조하여 교육목적을 달성하는 데 이바지한다.

### 2) 교육내용의 선정기준

교육에서 무엇을 가르치고 배울 것인가? 교사와 학생을 동시에 고려해야 하는 교육내용의 선정은 매우 중요하다. 교육목표를 달성하기 위해 가르칠 것은 많다. 그러나 한정된 시간과 공간에서 다룰 수 있는 내용은 제한된다. 따라서 교육내용의 선정은 신중에 신중을 거듭해야 한다. 교육내용의 선정을 위한 주요한 기준으로는 다음과 같은 것이 있다(홍후조, 2002: 309-314).

첫째 의미성이다. 배워야 할 내용은 의미가 있어야 한다. 학생들이 배워야 할 내용은 학생이 살고 있는 세계와 분명한 관련성이 있어야 하고, 학생이 앞으로 공부하는 분야의 기초가 되어야 한다.

둘째 타당성이다. 선정된 내용이 믿을 수 있고 사실적이며, 타당해야 한다. 특히, 현대와 같이 지식과 정보가 폭발적으로 증가하는 시대에는 그 내용의 신빙성 여부를 면밀히 검토해야 한다.

셋째 요구부합성이다. 학생들의 요구를 존중해야 한다. 교육내용은 대부분의 학생들이 절실히 필요로 하는 것이어야 한다. 무엇보다도 학생들의 개인차나 적성, 흥미, 진로 등과 연관하여 도움을 줄 수 있어야 한다.

넷째 용이성이다. 학생들의 수준에 맞게 학습하기 쉬운 것이어야 한다. 어떤 교육내용들은 학생들이 경험하기 어려운 범주에 있는 것으로 학습하기 곤란할 때가 있다. 교육은 학생들이 적절하게 배울 수 있도록 조직되고 배치되어야 하므로 배우기 쉬운 내용으로 구성되어야 한다.

다섯째 실제성이다. 실제 교육에서 실행할 수 있어야 한다. 선정된 교육내용이 학교에서 교사들이 효율적으로 가르칠 수 없는 내용이라면 의미가 없다. 현재 학교에서 실제로 가르칠 수 있는지 학교의 여건을 고려하여 선정해야 한다.

## SECTION 5 교사-학생 관계

교육이란 근본적으로는 살아있는 인간이 또 하나의 자유로운 인간을 만나는 일이다. 근원적 차원에서 교육은 기계적 테크닉이 아닌 인간과 인간 사이의 삶의 소통이다. 그러기에 교사와 학생간의 참된 관계는 교육내용과 방법에 선행한다. 이런 맥락에서 실존철학자인 부버(M. Buber, 1878~1965)의 '만남'의 철학은 교사-학생 간의 관계확립에 시사하는 바가 크다. 여기에서는 부버의 대화적 관계와 실존적 사고에 근거하여 바람직한 교사-

학생 관계를 모색해 본다(강선보, 2003: 217-236; 김정환 · 강선보, 2005: 257-268).

### 1) 인격적 친교

인격적 친교는 교사와 학생 둘 다 자유로이 활동하는 인격체로서 각각의 인격이 '상호 만나는 것'을 의미한다. 따라서 교사는 학생을 항상 하나의 인격체로서 대하고, 수단이 아닌 목적으로 만나야 한다. 왜냐하면 교육의 1차적 목적은 지식을 전달하는 데 있기보다는 개개 학생을 책임감 있는 인격적 존재로 이끌어주는 데 있기 때문이다. 학생을 수단시하였을 때, 교사와 학생의 관계는 비인격적으로 전락하고 만다.

인격적 상호관계는 단순한 자극-반응의 관계가 아니다. 자극-반응의 관계는 우리가 자주 이용하는 자동판매기에서도 이루어진다. 그런 기계적 반응은 감정을 서로 주고받을 수 있는 인격적 친교작용이 아니다. 그러므로 교사와 학생 간의 인격적 친교작용이 없다면, 그 관계는 동전을 집어넣으면 기계적 반응을 하는 자동판매기의 이용과 다를 바 없다.

인격적 관계형성을 위해서는 교사 자신이 먼저 인격을 갖추어야 한다. 자기 자신의 내부로부터 자신의 인격성에 눈뜬 사람은 아직 눈뜨지 못한 자에게 이를 가르칠 수 있다. 교육적 만남은 그 때 이루어진다. 부버는 그런 만남을 다음과 같은 비유로 설명했다.

* 어떤 사람이 노래를 부르는 데 목소리를 더 이상 높일 수 없는 음音이 있다. 바로 그때, 또 다른 사람이 다가와 그와 함께 노래를 부른다. 그 사람은 그 이상의 음을 낼 수 있었다. 이를 계기로 첫 번째 사람도 덩달아 그의 목소리를 높일 수 있게 되었다. 바로 이것이 영혼과 영혼 사이의 결합의 신비이다.

교사와 학생 간의 관계는 이와 같아야 한다. 인격에 눈뜬 교사는 학생의 잠든 영혼, 인격을 일깨워줄 수 있다. 그러기에 교육의 본질은 영혼과 영혼의 접합이며, 인격과 인격의 만남이다.

### 2) 구도적 동반자

구도적 동반자求道的 同伴者 관계는 교사와 학생 사이를 상하관계로 보지 않고, 진리와 삶 앞에 적나라하게 서 있는 동등한 구도자의 관계로 보는 것이다. 부버는 이것을 '우정'의 관계라고 표현했다. 이런 정황에서는, 때로는 교사가 학생이 되기도 하고, 학생이 교사가 되기도 한다. 진리와 삶 앞에서 교사가 교사이기를 그치고, 학생은 학생이기를 그칠 때, 어떤 편견도 없는 만남이 가능하다. 그러므로 학생이 교사와 만나는 경우라 하더라도, 그것은 교육적 만남의 특수형태가 아니라, 어디까지나 단순히 인간과 인간의 만남이다. 따라서 삶과 진리 앞에 교사와 학생이 동등한 구도자의 자세로 마주설 때 진정한 만남이 가능하다. 다음에 제시된 ①, ②의 두 나그네 사례를 보며 생각해 보자.

* 눈이 펑펑 쏟아지는 추운 겨울날, 한 나그네가 길을 떠났다. 목적지에 도달하기 위해서는 깊은 산을 넘어야 했다. 계곡을 가다 보니 웬 나그네 하나가 눈 위에 쓰러져 있었다.

① 이 나그네는 망설였다. 쓰러진 나그네를 보살피거나 업고 가다가 지체하면 자기마저 얼어죽을 것이라는 생각에 못 본 체하고 지나쳤다. 결국 이 나그네는 추위를 이기지 못하고 얼마 못가 얼어죽고 말았다.
② 이 나그네는 쓰러진 나그네를 업고 목적지를 향해 부지런히 걸었다. 이마에는 구슬 같은 땀이 흘렀으며, 등에서는 따스한 체온이 솟아나와 업힌 나그네의 가슴으로 전달되어 언 몸을 녹여 주었다. 결국 둘 다 살았다.

①의 나그네는 삶과 진리 앞에 떳떳이 맞서지 못했기에 결국 파멸하고 말았다. 그러나 떳떳이 맞선 ②의 나그네는 공생[共生, living together]을 하게 되었다. 나만이 아니라 나와 너가 함께 살 수 있는, 이른바 윈윈win-win의 삶을 보여주었다. 진흙에 빠진 사람을 구하기 위해서는 어떻게 해야 할까? 진흙 속으로 뛰어들어야 한다!

오늘날, 첨단과학과 지식정보의 홍수시대를 살아가는 학생들은 위의 예에서 본 쓰러진 나그네처럼, 진리와 삶의 문제로 방황하며 고뇌한다. 교사는 이러한 학생들을 지나쳐버려서는 안 된다. 구도자적 자세로 그들의 삶에 동참하여 동반자로서 고뇌할 때 교사와 학생의 삶 모두가 보장된다. 교사-학생은 서로 일깨움을 주고받음으로써 진리의 공동생산이 가능해진다.

### 3) 포용적 관계

포용적 관계는 교사와 학생이 정체성[identity]을 지니면서도 상대편의 삶에 동참함으로써 자기 생生의 실현을 맛보는 일이다. 즉 어떠한 선입견이나 편견 없이 상대방을 있는 그대로 받아들이면서 상호 존중하고 이타적 삶을 영위하는 것이다. 참된 교사는 학생들의 삶에 동참한다. 그리고 자기 자신을 비이기적으로 주는 아가페적 사랑 속에서 진정한 자기 삶을 발견한다.

"네 이웃을 내 몸과 같이 사랑하라"라는 기독교 정신이나, "사람을 사랑하라"는 유교의 인仁이 바로 여기에 해당한다. 다시 말해, 이웃[사람]을 버리는 것은 자기 자신을 버리는 짓이다. 마찬가지로, 학생을 버리는 것은 교사가 자신을 버리는 짓이다. 어린 학생은 미성숙자이기에 결점 투성이다. 그런 학생의 결점조차도 사랑할 때, 학생의 삶을 있는 그대로 포용할 때, 학생도 교사의 삶을 포용하게 되어, 비로소 상호포용적 관계가 성립된다.

### 4) 개방적 믿음

개방적 믿음은 교사와 학생이 신뢰의 분위기 속에서 서로의 삶 앞에 자기 자신을 드러내는 것을 의미한다. 교사의 가장 중요한 과제는 학생들에게 믿음의 가치를 깨우쳐 주는 일이다. 믿음의 전제가 되는 것은 개방이다. 자신을 먼저 상대방에게 드러내 보여야 비로소 상대방도 믿고 자신을 드러내 보인다. 여우와 늑대의 우화를 보자.

* 여우와 늑대가 같은 방향으로 걸어가고 있었다. 앞에서는 늑대가 걸었고 뒤에서는 여우가 걸었다. 늑대와 여우의 거리는 어느 정도 일정하게 유지되고 있었다. 앞에서 걷는 늑대가 깊은 생각에 잠겼다(지금 여우는 내 뒷모습을 보며 걷겠지. 내가 고개를 뒤로 살짝 돌리면 여우의 얼굴을 보겠구나).
  늑대는 더 밝은 곳을 기다렸다. 다행히 저 앞에 아주 밝은 곳이 펼쳐져 있었다. 그 곳에 이르자 늑대는 고개를 살짝 돌려 여우의 얼굴을 훔쳐보았다. 다시 앞을 바라보며 늑대가 큰소리로 외쳤다.

"너는 내 뒷모습을 보며 걷지만 나는 너의 얼굴을 봤다."
여우가 빙그레 웃으며 입을 열었다.
"나도 방금 전에 네 얼굴을 봤다. 상대방의 얼굴을 보려면 먼저 자신의 얼굴을 보여줘야 한다구!"

이 우화가 시사하는 것처럼, 닫아놓은 상대방의 마음의 빗장을 열기 위해서는, 먼저 자기 자신의 마음의 빗장부터 열어야 한다. 마음의 문을 열지 않는 사람을 누가 믿겠는가? 교사가 자기 자신을 개방하고 믿음직한 분위기를 형성하기 위해서는 용기와 진실한 태도, 그리고 상당한 원숙성을 필요로 한다. 자신을 진리 앞에 내어놓고, 그 결과가 어찌되든 기다린다. 이것은 넓은 의미에서 '자기를 내던진다'는 뜻이다. 그렇다고 믿음과 개방이 반드시 교육적 성공을 보장하는 것은 아니다. 즉 모험적 성격을 지니기 때문에 믿음과 개방이 거부되는 상황에서는 교육적 실패를 가져올 수도 있다. 그럼에도 불구하고, 교사가 학생들을 믿고 자기 자신의 내면성을 개방하지 않을 수 없는 이유는, 믿음과 개방의 모험 없이는 위대한 교육적 성과가 이루어질 수 없다고 보기 때문이다. 그러므로 교사는 때때로 실패의 벽에 부딪치게 되지만, 그가 교사이기 때문에 또 다시 믿음을 긍정하고 자기 자신의 마음을 열어야 하는 것이다.

### 5) 개성의 조화

개성의 조화는 교사와 학생이 각각 자유로운 개성적 존재로서 상호 만나는 관계를 의미한다. 왜냐하면 이를 통해 창조활동이 이루어진다고 보기 때문이다. 부버는 이 세상의 모든 참된 관계가 개별화에 근거해 있다고 하였다. 우리는 개별화되어 있기 때문에 서로 다른 사람끼리 알게 되며 또 만나기도 한다. 그러나 이 개별화 자체가 관계의 한계가 되기도 한다. 왜냐하면 개별화 상태에서는 상대를 완전히 알기 어렵기 때문이다.

우리는 개별화를 통해 상대가 서로 다름을 안다. 즉 타자성을 인정하게 된다. 그러므로 교사는 학생들의 독자적 타자성을 인정하며, 진리에 대한 자신의 관계를 그들에게 강요해서는 곤란하다. 뚜렷하고 특색 있는 독립적 인격을 서로가 보장할 때 대화적 관계가 성립될 수 있기 때문이다.

인격과 인격의 관계는 결코 주관과 객관의 관계가 아니다. 주체와 주체 간의 관계이다. 교사는 학생을 하나의 개성적 인격으로 파악해야 한다. 오케스트라 연주에서 보듯이, 여러 악기들은 제각기 독특한 음을 내면서 한데 어우러져 아름답고 웅장한 선율을 이룬다. 즉 개개 악기의 개성을 유지하면서 조화를 통해 새로운 예술세계를 창출한다. 이처럼 교사-학생의 관계도 제각기 다른 개성을 인정하면서, 하나의 화음을 이룰 때 더욱 아름답다.

### 6) 대화적 관계

대화적 관계는 교사와 학생이 대화를 통하여 서로의 인격을 함양해 주는 관계다. 부버는 인간이 단독자로서는 불완전하다는 점, 고립된 존재는 인간이 아니라는 점을 역설하였다. 그래서 그는 참된 삶이란 서로 만나는 일, 사람과 사람과의 관계 속에 사는 데 있다고 보았다. 여기에서 만난다는 것은 대화의 삶을 말한다. 대화 속에서 한 사람은 다른 사람에게 말을 건네고, 삶이 자기에게 무엇을 의미한다는 것을 상대방에게 제시한다. 우리가 한 인격으로서 다른 인격에게 전달할 때, 나의 전인격이 당신에게 무엇인가 말을 해주며, 당신의 전인격이 나의 생활에 그 무엇을 말해 주게 된다. 이러한 대화관계에서는 내가 만나는 인격을 결코 나의 경험의 대상이나 이용의 대상으로 보지 않고 주체로서 파악하게 된다. 그러기에 대화적 관계는 인격적 만남의 관계이다.

대화란 너를 향하여 말하려는 나의 의지만이 아니라 너가 나에게 말하려는 바를 듣고자 하는 의지 사이의 민감성이다. 대화적 관계는 자신의 입장을 상대방에게 강요하지 않는다. 대화는 상호관계이며, 각자가 상대방의 처지를 체험하면서 참된 말을 주고받는 것이다. 따라서 대화는 무책임한 '예'보다는 책임 있는 '아니오'를 더 존중한다. 왜냐하면 진실한 대화 속에서만이 참된 인격적 친교가 이루어질 수 있기 때문이다.

진실한 대화를 하고 있다면, 우리는 분명히 줄곧 그 대화에 참여하고 집중하게 된다. 만약 우리가 듣지 않으면 응답할 수 없을 뿐만 아니라, 상대편의 주의를 끌지도 못하게 된다. 그런 경우, 우리는 상대방을 이해시키려고 노력해야 하며 또한 이해하도록 노력해야 한다. 그리고 상대방을 믿게 하도록 노력해야 하며 믿기 위해 노력해야 한다. 이러한 상황 속에서 우리가 완전하고 솔직한 응답을 하게 될 때, 인격적 만남을 경험하게 되는 것이다. 이처럼 어떠한 교육이든 간에, 교사와 학생 사이가 대화적 관계로 형성될 때, 온전하게 될 것이다.

# 생각해 볼 문제

01 교사의 자질과 역할 중에서 가장 중요한 것이 무엇인지 제시하고, 그 이유를 설명하시오.

02 바람직한 교사-학생의 관계를 고민한 후, 자신은 학생을 어떤 존재로 바라보며, 내가 교사라면 어떻게 학생을 대할 것인지 자신의 학생관을 제시하시오.

03 현재 한국사회에서 교사의 지위는 어떠한지 자신의 생각을 밝힌 후, 개선방향이 있다면 구체적인 사례를 들어 제시하시오.

Chapter 5

# 교육의 주요 역할로서 인재양성

1. 개 요

2. '인재' 개념의 이해

3. 한국의 전통교육과 인재양성

4. 경제개발과 한국의 인재양성

5. 글로벌시대, 인재양성의 동향

6. 인재양성의 교육적 맥락

## SECTION 1 개 요

교육의 주요 사명 중 하나는 시대 문제를 해소할 수 있는 개인적·사회적 능력의 함양이다. 그것은 우리가 살고 있는 '이때-이곳'이라는 시·공간에서 발생하는 삶의 문제를 통찰하고, 생명력을 불어넣는 작업이다. 그런데 20세기 중·후반부터, 지구적 차원에서 우리 삶의 터전이 급변하기 시작했다. 다니엘 벨(Daniel. Bell, 1919~ )이 지적한 것처럼 인류는 바야흐로 후기산업사회로 진입하고, 나아가 첨단과학기술, 정보화의 바람이 거세지면서 산업사회에서 경험하지 못한 새로운 지식사회를 체험하고 있다.

일선 학교는 학교대로 다양한 구호를 제시하며, 인재양성을 고민한다. 그 중에서도 큰 목소리로 드러나는 것들은 '국제화'-'창의성'-'자율화'-'수월성'-'영재'-'전문화' 등등의 화두이다. 그리고 자치단체나 기업, 국가는 제각기 경쟁력 제고와 자기발전을 위하여 다양한 차원에서 인재의 선발과 양성을 고민한다. 특히, 현대사회를 선도하는 기업체는 회사가 요구하는 사람 찾기와 사람에 대한 투자, 인재의 발굴에 힘을 쏟는다. 이처럼 사회 각계각층의 여러 기관은 시대 변화에 적응하고 시대를 이끌어 갈 수 있는 다양한 인력의 채용과 양성을 고민 중이다.

인재에 대한 성찰은 디지털·지식사회에 접어들면서, 조직화·체계화를 갖춘 고도의 전략적 '인재확보 전쟁'으로 이어지고 있다. 그것의 표상은 '영재교육', '핵심인재 양성', '인적자원개발' 등 개인에서 학교, 기업을 비롯한 각종 조직, 국가에 이르기까지 인간 사이의 경쟁을 심화하며 인재의 선발과 육성의 목소리를 높이고 있다.

그런데 정작 '인재'라는 개념을 정립하려고 보니, 그 의미를 단일한 요소로 규정하기가 쉽지 않다. '인재'의 개념을 심도 있게 다룬 논저를 찾기 힘들뿐만 아니라, 교육계 · 기업계 · 경제계에서도 의미나 개념의 규정에 대해 다양한 목소리를 제시하고 있기 때문이다.

한국의 경우, 1990년대 후반부터 경제계에서 '인재'보다는 '인적자원'이라는 용어를 도입하여 쓰기 시작했다. 교육을 담당하던 '문교부' 혹은 '교육부'를 '교육인적자원부'로 개칭할 정도로 '인적자원'의 개념을 중시하였다. 이처럼 '산업 혹은 기업계'의 교육이나 정보화사회 및 평생학습의 차원에서 인력개발을 본격적으로 논의하기 위해 '한국인력개발학회'를 창립한 것이 1998년 3월이다. 미국의 경우도 이보다 5년 정도 빠른 1993년 5월이다. 이렇게 본다면, 인적자원개발과 관련하여 본격적인 연구 및 실천 시스템을 갖추기 시작한 것은 세계적으로도 10여 년의 역사에 불과하다. 따라서 인적자원개발에 대한 정의도 학자마다 다양하게 제시한다(권대봉 · 현영섭, 2003: 9; 김진모, 2001: 215-216). 중요한 사안은 인재양성이든지, 인적자원개발이든지 간에 그것이 교육과 학습으로 연계된다는 점이다. 문제는 교육의 시간과 공간, 대상과 내용의 차이에서 오는 혼란이다.

우리는 지금까지 '인재'를 어떻게 이해하고 양성해 왔는가?

그것은 교육에서 어떤 위상을 갖고 있는가? 전통사회에서 현재까지 인재에 관한 여러 생각이 스케치 되지만, 인재가 무엇인지 어떤 양성의 시스템을 구축했는지, 명확한 구도를 잡기에는 애로사항이 많다. 대부분의 경우, '사회(기업 · 국가 · 국제사회 · 인류사회 등)가 필요로 하는 훌륭한 인재를 양성해야 한다!'라는 거시적이면서도 모호하고 추상적인 구호로 인재양성을 대변해 온 것이 현실이다. 다시 강조하지만, 인재교육은 궁극적으로 교육과 학습의 문제일 텐데, 그것이 어떤 모습이어야 하는지, 막연하기 그지없다.

이 지점에서 '인재'의 개념규정이 요청된다. 그것은 어떤 시간과 공간을 넘나들며 개념변천을 거듭해 왔는지, 역사적인 검토가 필요하다. '인재'에 대한 학술적 논의는 2008년 5월 29일 서울교육문화회관에서 한국교육개발원과 인적자원통계협력망 주최로 열린 포럼에서 심도 있게 다루어졌다. 이 자리에서는 인재 개념과 미국, 영국, 독일, 핀란드, 호주, 중국, 일본, 한국의 인재 교육과 정책에 관한 연구가 소개되었고, 기업이 바라는 인재상과 교육의 혁신과제도 제기되었다(한국교육개발원, 2008).

이런 시도들을 왜 하는 것일까? 그것은 다름 아닌 우리 교육계와 경제계(산업교육 혹은 기업교육)의 교육을 성찰하고, 시대상황에 적합한 교육-학습 시스템을 재조직하여 사회 전반의 생산성을 제고할 수 있는 이론적 비전을 마련하는 데 일조할 수 있기 때문이다. 이런 차원에서, 본 장에서는 인재의 개념과 양성의 역사적 흐름을 검토하고, 그 교육적 맥락을 성찰해 본다.

SECTION 2

## '인재' 개념의 이해

국어사전에 의하면, '인재'는 "학식이나 능력이 뛰어난 사람[人材]", "재주가 뛰어나게 놀라운 사람[人才]"이다. 이런 이해를 전제로 한다면, 인재는 보통 사람과는 다른, '특별한 사람'이 된다. 우수한 두뇌, 높은 학력, 탁월함과 같은 천재적 자질을 보유한 사람이다. 달리 말하면, 요즘 흔히 쓰는 '영재英才'와 동의어로 인식되는 것 같기도 하다. 대부분의 사람들은 이러한 사전적 의미에 따라, 인재를 이해하며 사용한다. 정말 인재를 특출하거나 뛰어난 사람에게만 한정하여 쓸 수 있는 말일까?

동아시아 한자 문명권에서 제기한 초기 인재의 의미는 우리의 국어사전과는 상당히 다른 양식으로 이해된다. 인재에서 '재才'는 다양한 의미를 지니고 있다. 재才는 문자의 형상이 "초목이 처음 땅에서 움터나오는 모양"을 본뜬 것이다. 이를 인간에게 적용하면, 인간이 출생하면서 자라는 모습처럼, 한 인간의 '잠재능력'이나 그 인간이 지닌 '자질'과 '재능'을 포괄하는 개념으로 볼 수 있다. 인간이 천부적으로 갖추고 있는 '자질'을 의미하기도 하고, '재능'이나 '재주'를 뜻하기도 한다. 즉 인재에서 '재'는 재질才質이나 재질材質, 기질氣質을 의미한다. 그것은 인간에게서 하나의 가능성으로 자리매김 된다. 따라서 인재[才]는 지혜로움이나 어리석음의 측면에서 사람에 따라 차이가 있다. 『논어』에서도 재才는 '재주'나 '재능'을 의미하는 것으로 드러나고,

『역』에서는 생성을 거듭하여 쉬지 않는 "생생불식生生不息"의 개념으로 이해되기도 한다(高樹藩, 1974: 32). 이러한 인식은, 국어사전에서 정리한 인재의 개념인 '뛰어난' 능력, 이른바 특출한 능력과는 차이가 있다.

세상의 모든 사람은 나름대로의 자질을 타고난다. 차이가 있다면, 사람마다 그 질과 정도, 쓰임새가 다를 뿐이다. 인재를 글자 그대로 보면 '재목이 될 수 있는 사람'이다. 이 세상에 쓸모없는 사람, 소용에 닿지 않는 사람은 없다. 예컨대, 꼬부라지고 비틀어진 나무도 지팡이로 만들 수 있고, 공예품이 될 수도 있으며, 땔감으로 쓰일 수도 있다. 소용이 없는 것이 아니라 용도가 다를 뿐이다. 이렇게 목표와 쓰임에 따라 인재의 개념층은 얼마든지 달라질 수 있다(김용완, 1977: 226-227). 타고날 때부터 뛰어난 지능을 가진 은총받은 사람을 천재天才라고 한다. 그러나 이 천재는 그 특성상 바뀌지 않는 불변태不變態로 동적動的인 개념이 아니다. 두뇌의 기능이 뛰어나게 발달된 사람을 지칭하는 인체생리학적 개념일 뿐이다. 여기에 외부적 요구에 따른 능력의 개념이 개입할 때, 동적인 의미에서의 인재가 된다. 이 때 능력이란 이미 만들어진 타고난 힘을 의미하지 않는다.

우리는 흔히 "저 사람은 능력이 있다"고 말한다. 그것은 어떤 요구를 충족하는 역할수행을 했을 때 던지는 말이다. 이런 점에서 인재는 특별한 상황과 시대가 필요로 하는 인간의 자질이다. 급변하는 시대상황에서 닥쳐오는 수많은 과제들을 충분히 이행할 수 있는 능력이다. 그러기에 인재는, 그것이 개인의 성장이나 성숙, 공동체의 요구나 그것에 기여하는 어떤 역할이건, "인간의 요구를 해결할 수 있는 능력"이다(김진형, 1977: 232-233).

요컨대, 인재는 모든 인간이 보편적으로 지닌 기본자질의 함양이라는 측면에서 일반적 성격의 평등성[平等性 : equality]을 내포하고, 사람과 사람 사이에 차이가 존재하고 다른 사람에 비해 특별한 측면에서 탁월함을 발휘할 때 비교 대상보다 어떤 영역에서 뛰어난 수월성[秀越性 : excellence]을 담보한다(고요한, 1989: 9). 그러므로 인재는 타고난 기본자질을 바탕으로 사회의 요구에 맞게 나름대로 길러야 할 인간의 자기능력으로 이해할 수 있다.

〈표 4〉 '인재'의 구성요소와 특성

| 구 성 요 소 | 자질, 기질, 재주, 재능, 잠재능력 | |
|---|---|---|
| 기술적 특성 | 기초 능력의 함양 | 전문 능력의 확보 |
| 인간적 특성 | 보편적 인성 | 독창적 개성 |
| 교육적 특성 | 평등성 지향 | 수월성 추구 |

## SECTION 3 한국의 전통교육과 인재양성

서구의 교육이 유입되기 이전, 한국의 전통교육은 유교儒教에 집중되어 있었다. 불교나 도가류, 민간신앙의 차원에서 다양한 비형식적 인재양성의 방식이 있었지만, 국가 사회가 인재를 양성하기 위해 학교를 설치하고 공식적 체계를 갖춘 교육내용이나 방법은 유교가 주류였다. 여기서는 전통적 인재양성의 흐름을 간략하게 요약하고 대한민국정부 수립 이후, 인적자원개발의 맹아가 발생하는 요건들을 검토해 본다(신창호, 2008: 219-238).

한국 고대사회, 고려시대까지의 인재등용은 '신인등용神人登庸-원화源花-화랑花郎-독서삼품과讀書三品科-과거법科擧法'으로 요약된다(金道泰, 1928: 28-30). 초기국가의 성립은 단군이나 주몽, 박혁거세 등과 같은 신적인 인간존재의 등용에서 시작된다. 그리고 신라 때 공동체 집단의 심신수련과 국가관 함양을 도모하던 원화와 화랑의 교육을 지나 국학에서 독서의 성과에 따라 인재를 선발하던 독서삼품과로 이어진다. 이후 고려 때의 학교교육과 과거제도의 도입은 인재양성과 선발의 새로운 전기를 마련하였다. 이는 조선시대에 들어서면서 더욱 정교해지고, 성리학적 내용을 강화하는 형식으로 드러난다. 성균관과 향교, 학당, 서원과 서당 등 일정한 체계를 갖춘 교육기관은 인재양성을 위한 다양한 활동을 전개하였다. 요컨대, 19세기 개화기 이전까지의 인재양성은 국가체제를 정비하고 국가를 경영할 수 있는 관료나 외교관, 기술직 등의 직업군과 국가의 기강을 바로 잡으려는 도덕적 풍속 교화를 핵심으로 하였다.

이러한 인재양성의 이념은 서구의 새로운 학술이 유입되면서 뿌리째 흔들리게 되었다. 기독교와 자연과학적 성과를 바탕으로 한, 신지식과 사상은 기존의 문화와 문명의 근간을 흔들며 새로운 양식을 산출해 내었다. 1896년 강화도조약 이후, 1885년 배재학당에서 시작된 신교육이 그 시발점이었다. 이후 1894년 갑오개혁과 「홍범 14조」, 1895년의 「교육입국조서」로 이어지는 인재에 대한 갈망은 국가의 최고 사명이었다. 그 때의 인재양성의 염원은 다음과 같이 표출되었다.

* 시국은 크게 바뀌었다. 제반 제도가 다 함께 새로워야 하지만 그 중 영재교육이 가장 급한 일이다. 본 아문은 소학교와 사범학교를 세워 먼저 서울에서 행하려 하니 위로 공경대부의 아들로부터 아래로 평민 가운데 우수한 자에 이르기까지 모두 이 학교에 들어와 경서, 자전, 육예, 백가의 글을 배우며, 아침에 외우고 저녁에 익히라. 중요한 것은 업무를 배워 난세를 구하고 내무와 외교에 각각 적용시킬 것이다(「학무아문」 고시).

* 나라 안의 총명하고 우수한 자제를 널리 파견하여 외국의 학술과 기예를 학습시킨다. 장관(장교)을 교육하고 징병법을 써서 군제의 기반을 확립한다(「홍범 14조」).

이 때부터 전통교육의 모습은 서서히 사라지고, 새로운 근대적 인재양성의 방식이 나오게 되었다. 『교육입국조서』에서 고종은 인재의 양성 없이는 나라가 제대로 성립할 수 없다고 보고, 그 실제를 덕양德養 · 체양體養 · 지양智養에 있다고 선포하였다.

이러한 개화기 시대의 인재양성은 국가적 사업이었고, 그 주요 내용은 외국의 선진문물을 통해 개화를 실현하고, 서구 열강에 대응할 만한 군사적 인재양성을 중요한 문제로 부각시켰다. 그러나 일반 민중의 인재양성에 대한 준비는 너무나 미흡했다. 때문에 인재양성은 국가 차원의 국민 계몽啓蒙 운동으로 출발할 수밖에 없었다.

얼마 지나지 않아, 1910년 일제는 조선을 강제로 점령한다. 일제 강점기 초기는 이른바, '무단정치' 시기로, '조선인에게는 문화보다도 먹을 것을 주어야 한다'는 테라우찌식 실용주의가 강조되었다. 이리하여 조선 사람에게는 인재를 양성하기 위한 지식보다는 짐승을 사육하듯이 먹을 것을 주라고 하였고, 교양을 갖춘 문화인보다 저급한 노동자를 만들려고 하였다. 그 주된 이유는 조선인들에게 교양수준이 높은 고등지식을 주면 자유를 갈망하는 의식이 자라나고 비판력이 늘어나 식민지로 다스리기 어려울 것임을 우려하였기 때문이다. 그러므로 일제는 자신들이 잘 부릴 수 있는 복종하는 인간을 기르려고 하였다. 즉 행정관리, 산업기술, 사회문화 등 각 방면에서 심부름을 잘하는 노예와 같은 인간을 양산하려고 하였다.

1919년 3.1독립운동 이후, 일제의 교육정책은 다른 양상으로 바뀌게 된다. 겉으로는 조선인을 일본인과 동등하게 다룬다는 점을 강조하고, 조선인이 감화되기를 바랐다. 특히, 교육의 형식을 일본 교육과 동일하게 만들고 조선인과 일본인이 서로 학교를 넘나들 수 있게 하였다. 이 '동등하다'라는 교육의 형식에는 조선 학생의 사상까지도 일본인과 동등하게 하여 일본 국민이 되도록 하고, 일본인과 차별이 없도록 유도하여 감화시키려는 음모가 숨어 있었다. 그리하여 마침내 학제 전체가 일본과 동일해지고 궁극적으로 조선의 교육은 사라지게 되는 것이다.

일제로부터의 해방은 미군정기라는 새로운 교육질서 재편을 가져왔다. 미군정은 친미 성향의 인사들을 중심으로 '조선교육위원회'와 '조선교육심의회'를 조직하고, 미국의 교육체제를 남한에 이식하려고 노력하였다. 특히 해방 직후 구성된 조선교육심의회에서 교육이념을 담당한 분과는 교육의 방향과 정책에 중대한 영향을 미칠 수 있는 교육이념을 채택하였다. 그것은 논란 끝에 '홍익인간弘益人間'으로 정해졌다. 비판적 논의에도 불구하고, 홍익인간은 한국교육의 이념이 되었다. 이후, 인재양성을 위한 모든 기조는 여기에 기초한다.

이어서 해방공간에서는 일제 때 형성된 구교육사상과 교육방법 및 내용을 거부하고, 새 세상에 맞는 새로운 교육을 하자는 운동이 전개되었다. 이른바, '새교육운동'이다. 오천석 · 윤재석 등이 주도한 새교육운동은 주로 존 듀이를 비롯한 미국의 교육사조를 소개하였다. 그들은 인재양성의 목표나 교육과정 연구보다는 학습법 개선에 주력하면서, 교사 중심 교육에서 아동 중심 교육으로의 전환을 주장하였다.

1948년 대한민국정부 수립 이후, 인재양성을 위한 교육의 기본철학은 상황에 따라 시대의 문제에 답하려는 형식을 취한다. 전후 복구와 경제발전에 대한 필요성과 더불어, 그것은 과학기술의 발달과 산업의 중요성을 강조하고, 인재양성의 차원에서 볼 때, 경제적 개념이 강조된 인적자원의 의미를 싹틔울 수 있는 조건들을 마련하기 시작했다.

다시 말하면, 대한민국정부 수립 이후, 특히 6.25전쟁 이후, 우리 정부는 교육방침에 '기술교육', '과학기술', '경제발전', '과학기술교육' 등 경제발전을 위해 필요한 교육을 전면에 내세우며, 그에 적합한 인재양성에 매우 적극적이었다. 그 흐름의 대강을 표로 정리하면 다음과 같다.

〈표 5〉 시대상황과 이념에 따른 인재양성의 흐름

| 시대구분 | | 시대상황과 이념 | 인재양성의 목적 | 인재양성의 공간 및 대상 |
|---|---|---|---|---|
| 전통적 인재양성 | 삼국<br>고려<br>조선 | · 정치체제 : 왕정(王政)<br>· 주요 산업 : 농업<br>· 이념 : 국가 수호 | · 국가관리 및 관료의 양성<br>· 사회유지에 필요한 기술인 양성 | · 전통학교(성균관, 서원, 서당 등) : 제한된 계급계층 |
| 서구식 근대적 인재양성 | 개화기 | · 정치체제 : 황제(대한제국)<br>· 주요 산업 : 농업<br>· 이념 : 부국강병 | · 개인의 성숙과 분야별 관리 양성 | · 전통 학교 및 서구 근대식 학교 : 상대적으로 제한된 계급계층 |
| | 일제강점기 | · 정치체제 : 황제(강점기)<br>· 주요 산업 : 농업<br>· 이념 : 황국신민화 | · 보통 기능인 및 실용적 하급관리 양성 | · 서구 근대식 학교 개량식 서당 : 상대적으로 제한된 계급계층 |
| 민주적 경제적 인재양성의 맹아 | 미군정기 | · 정치체제 : 점령지 통치<br>· 주요 산업 : 농업<br>· 이념 : 미국식 민주주의의 이식 | ? | · 서구 근대식 학교 : 상대적으로 제한된 계급계층 |
| | 대한민국 건국초기 | · 정치체제 : 민주주의<br>· 주요 산업 : 농업<br>· 이념 : 민주주의 국가 토대 마련 | · 민주주의 · 민족주의 지향<br>-자치인, 자유인, 평화인<br>-경제재건인<br>-과학기술인 | · 현대식(미국) 학교 : 모든 국민에게 열려 있으나 제한적 계층 |

SECTION 4
# 경제개발과 한국의 인재양성

경제적 인재의 양성, 인적자원개발과 관련하여 그 개념이 본격적으로 등장할 수 있는 계기는 1960년대 경제개발이다. 1961년 5.16군사쿠데타 이후, 국가재건최고회의는 '인간개조운동'과 '재건국민운동'을 펼쳤다. 특히, 군사정부는 '조국 근대화'를 슬로건으로 내걸고, 그 선행조건으로 인간개조운동을 강조하였다. '인간개조'는 혁명과업 완수의 기본적인 목표로 산업 · 경제 · 문화 · 사회의 구조를 근대화하고, 구악과 부패의 일소, 퇴폐한 국민도의를 바로 잡기 위한 사회개혁의 원동력으로 자리매김하였다. 사회교육 측면에서는 재건국민운동을 강력히 추진하였는데, 최고회의는 혁명공약에서 '이 나라, 사회의 모든 부패와 구악을 일소하고 퇴폐한 국민도의와 민족정기를 다시 바로 잡기 위하여 청신한 사회 기풍을 진작할 것'을 표방하였다. 재건국민운동은 전 국민이 청신한 기풍을 배양하고 신생활 체제를 견지하며 반공이념을 확고히 하기 위하여 용공중립사상의 배격, 내핍생활의 려행勵行, 근면정신의 고취, 생산 및 건설의식의 증진, 국민도의의 앙양, 정서관념의 순화, 국민체위의 향상 등에 관한 범국민운동을 전개하였다.

군사정부가 제3공화국으로 이어지면서 민족중흥과 국가발전을 위한 교육개혁이 강조되었다. 이 중에서도 인재의 양성과 관련하여 심각하게 살펴보아야 할 것이 바로 '국민교육헌장'의 선포이다. 이는 정부수립 이후 제정된 교육법과 더불어, 한국 교육이 지향해야 할 이념과 추구할 바의 기본목표를 명시하고 있었다. 국민교육헌장 공포에 이어 교육 당국은 장기종합교육계획의 수립과 추진에 중점을 두었는데, 그것은 '조국 근대화'를 위한 경제개발계획 수립과 함께 진행되었다. 즉 1차 경제개발 5개년계획이 의도하는 국가발전의 노력에 교육을 개입시키려고 하였다. 그것은 인재양성과 교육투자에 관한 다음과 같은 발언에서 확인할 수 있다.

> * 세계는 보이지 않는 냉전 가운데 과학경쟁·경제경쟁과 아울러 치열한 교육경쟁을 하고 있으며 막대한 교육투자를 해가며 인재양성을 하고 있다. 후진성을 면하지 못하는 사회일수록 경제성장을 위해서나 과학기술의 발달을 위하여 인재양성 문제는 더욱 시급한 것이며 국가적인 인재개발정책과 그 일환으로 교육정책이 요청된다. 교육은 국가의 경제적 요청[economic necessities]에 응하지 않을 수 없는 동시에 또한 그 경제적 요청은 교육 그 자체에 변화를 주지 않을 수 없다는 점으로 보아 경제성장과 교육은 긴밀한 관계가 있다. 여기에 고도경제성장을 위한 교육투자는 필연적인 것이며 경제정책의 일환으로 교육정책을 생각하지 않을 수 없다. …… 국민의 인재개발을 위한 교육정책과 더불어 인재양성과 인적자원을 증강하기 위한 교육정책은 우리나라의 당면한 교육과제이다. 아울러 과학시대인 동시에 기술혁신시대에 경제성장을 위한 교육투자는 과학기술의 발달을 위한 교육투자와 떨어질 수 없다. …… 국가적으로 과학경쟁에 대비하고 경제적 생산의 질적 비약에 호응할 인재개발과 능력개발을 위한 인재개발정책을 취하고 교육투자를 해야만 한다(김용기, 1963: 24-26).

이런 의견은 군사정부 때부터 강조하던 실업교육과 산학협동체제의 구축을 위한 제도적 장치를 마련하면서부터 비약적으로 발전하였다. 군정기간에 발족한 공업기술연구원 및 실업고등전문학교, 실업계 교원양성을 위한 4년제 대학의 실업교육과 설치가 그런 조치들이다. 그 외에도 산업교육진흥법의 제정, 문교부에 실업교육과를 신설하여 실업교육에 관한 정책을 담당케 함으로써 실업교육정책을 실시할 수 있는 기반을 형성하였다.

제3공화국에서는 제1차 및 제2차 경제개발계획이 전국적으로 실시되는 단계였으므로 실업교육정책을 통한 기능인 이른바, 산업인력이 꾸준히 양성되었다. 1965~1968년까지의 교육정책은 주로 '조국의 근대화를 위하여 전진하는 교육', '공부하는 학원을 건설하여 생산하는 교육의 추진' 등을 당면 과제로 내세우고, 이를 실현하기 위한 장학방침으로 '생산하는 교육의 추진'을 설정하였다. 특히 1968년에는 "산학협동으로 기술혁신과 경제개발을 이루도록 하라"는 박정희의 유시에 따라서, 문교부와 전국경제인연합회 공동주최로 산학협력추진 간담회가 개최되었다. 그 후, 산업교육진흥법을 개정하여 동법의 적용대상에 상업 및 가정을 포함시키는 조치를 취하였고, 관련 규정도 제정하였다. 1969년에는 실업생산 교육을 내실화하기 위한 노력이 법적 · 제도적 차원에서뿐만 아니라, 교육과정의 개편을 통해서도 나타났다. 중 · 고등학교에서 남녀 모두가 기술과목을 필수로 이수하도록 하여 누구나 기초기술을 습득하고 장차 산업사회에 적응할 수 있는 능력을 갖도록 하였다. 또한 중학교 2 · 3학년에도 농업 · 공업 · 상업 · 수산업 · 가정 중에서 하나를 택하여 지역사회에 맞는 직업교육을 실시하도록 하고, 고등학교에서는 산업일반 과목을 모든 학생에게 필수로 부과하고, 공업에 관한 내용 중에서 기초적인 것을 필수로 이수하게 하는 한편, 농 · 공 ·

상 · 수산 일반 중에서 하나를 택하여 직업교육을 할 수 있도록 하였다.

실업생산 교육은 1970년대 들어서면서 더욱 강조되었다. 문교부는 1970년에 과학기술 교육의 적극적 추진을 장학의 기본 목표로 삼고, 실과교육 과정의 쇄신, 실험실습 교육의 강화, 산학협동 체제의 확립, 교원의 실기 지도능력 배양, 기초과학 교육의 철저, 실험실습 시설의 활용도 극대화와 관리의 철저, 적성 및 취업지도 강화 등의 구체적인 시책을 통하여 과학기술 교육의 진흥에 힘썼다.

1972년은 제3차 경제개발 5개년 계획이 시작되는 해였다. 정부는 3차 경제개발 기간에 과학기술계 인력 중 기능공의 훈련양성에 역점을 두었다. 그 중에서도 수요가 많을 것으로 예상되는 공작기계공 · 금속공 등을 공급하기 위한 직업훈련에 주력하였다. 그 해 12월 27일은 이른바, '유신헌법'과 더불어 제4공화국이 출범하였다. '유신교육'은 '국적 있는 교육', '한국적 민주주의'라는 기치 아래 제4공화국의 교육이념으로 강조되었다. 그러나 박정희 정권은 1960년대 이후 전개해 오던 여러 가지 교육정책들도 폐기하지 않고 지속적으로 전개하였다.

인재양성 정책과 관련하여 제4공화국에서도 실업교육은 더욱 공고한 형태를 띠게 되었다. 특히 박정희가 제기한 '전 국민의 과학화 운동'과 함께 강조되었다. 박정희는 1973년 1월 연두 기자회견에서 '중화학공업 정책 선언'을 하고, 정부는 앞으로 중화학공업 정책에 온갖 힘을 기울일 것을 천명하였다. 이에 모든 국민은 누구나 다 한 가지씩 과학기술을 익혀 그 기능을 발휘할 수 있도록 '전 국민의 과학화 운동'을 제창하였다. 박정희는 '과학기술의 개발 없이는 중화학공업 육성은 기대할 수 없으며, 모든 경제목표의 달성은 전 국민이 범국민적으로 과학기술의 개발에 참여할 때 가능하다'고 강조하였다. 이에 문교부는 1973년도 장학방침을 과학 · 기술 교육의 진흥에 두고, 실험 · 실습 · 노작 · 기능교육의 강화, 지도방법의 개선, 산학협동체제의 강화에 치중하였다.

박정희 정권이 막을 내리고, 1980년대 이후 한국교육은 급변하는 사회만큼이나 격동의 시기였다. 이른바, '신군부' 정권으로 상징되는 제5공화국은 역대 어떤 정치세력에 뒤지지 않을 극단적 교육개혁 조치를 취했다.

제5공화국과 연속적 체제 선상에 있는 제6공화국은 표면적으로 역대 어느 정권보다 민주화를 표방하였다. 올림픽이라는 거대한 국제행사가 있어 국가적으로 매우 바쁜 시기였고, 새로운 교육정책을 펼 여력도 부족했다. 그러나 중등학교 교육과정 개편, 실업계 고등학교 지원 육성, 방송통신대학 운영, 전문대학 교육의 강화, 대학교육의 질 향상, 지방대학 육성 등 인재양성을 위한 다양한 정책을 실시하였다. 특히 21세기 첨단사회를 대비하는 대학교육과 평생교육체제 확립, 특수교육 및 직업교육의 강화는 시대의 흐름을 수용하려는 교육적 조치였다.

이른바, '문민정부'라 명명한 김영삼 정부는 현실적 교육 현안을 해결하면서 다가오는 21세기를 준비한다는 집념으로 교육개혁을 꾀하였다. 교육개혁위원회를 설치하여 마련한 교육개혁안은 '교육복지국가[edutopia] 건설'이라는 기치 아래 국민 개인의 잠재력을 최대한 계발하는 데 주안점을 둔 교육체제 구축 의지를 담고 있다. 교육개혁안은 이전의 획일적 교육과는 달리 교육을 다양화·특성화하고 학습자[교육 수요자] 중심의 교육, 책무성과 자율성에 바탕을 둔 교육을 실천하며, 시대상황에 맞는 정보화, 교육을 강화하는 등 교육시스템의 변화를 고심했다. 즉 정보화시대, 세계화의 흐름에 발맞추어 인재를 양성하려는 정책의 기본틀을 수립하려고 하였다. 이후 국민의 정부와 참여정부 및 현재의 이명박 정부에 이르기까지, 그런 교육정책의 기조를 구체화하려는 노력은 다양하게 전개되고 있다.

## SECTION 5 글로벌시대, 인재양성의 동향

1990년대 이후, 시대는 급변하였다. 특히 1993년 12월 우르과이라운드의 타결, 1995년 세계무역기구의 출범은 세계를 거대한 하나의 시장으로 바꾸어 놓았다. 그것은 무한경쟁의 개방화, 국제화, 정보화시대의 돌입을 알렸다(권대봉, 1998: 11). 더구나 세계는 이미 지식사회이고 글로벌 기업들은 글로벌 학습조직을 구축해야만 생존할 수 있는 시대로 접어들었다(P. F Drucker, 2002; M. Marquardt · A. Reynolds, 1994).

이러한 세계화, 지식정보화사회에서 기업의 존망은 탁월한 우수인재를 얼마나 확보하고 있느냐가 관건이다. 특히 국제경쟁력을 갖추고 경영혁신을 꾀할 때, 기업의 생명력은 확장되고 지속된다. 이런 상황에서 한국의 주요 기업은 인재의 선발과 양성을 기본 모토로 하여 인적자원개발에 심혈을 기울인다. 특히 빠르게 변화하는 시대환경, 즉 새로운 기술의 발달, 품질관리의 중요성 강조, 경영의 국제화, 유연하고 신속한 조직 등 복합적 원인으로 인해 인적자원의 개발도 패러다임 전환을 시도한다. 이른바, '전략적 인적자원개발'을 논의하게 되었다.

그것은 조직의 목적달성을 지원한다는 점에서는 인적자원개발의 일반목적과 일치한다. 그러나 조직의 목적달성을 위한 전략에 따라 인적자원개발 활동을 조정한다는 부분에서 차이가 있다. 조직의 전략은 외부환경 변화와 조직 내부의 자원 또는 강・약점을 분석하여 이 둘 사이의 '전략적 적합[strategic fit]'을 시도한다. 그런 점에서 전략적 인적자원개발은 인적자원을 조직의 핵심자원으로 파악하고 이를 전략적 관점에서 외부환경과의 적합화를 시도하는 관점을 지닌다. 그러기에 전략적 인적자원개발은 조직의 인적자원의 전략적 적합화와 조직원의 개인발전을 목적으로 전략을 구축하고 인적자원을 기획하며 인적자원개발 활동을 주도하고, 전략적 인적자원개발 시스템과 훈련 프로그램을 전사적으로 실시하는 인적자원개발이다(권대봉・현영섭, 2003). 여기에서 인적자원은 더욱 강조된다.

그런데 현재 대부분의 기업에서 정의하는 인적자원은 업무상 유능한 존재이거나 10~20%의 핵심인재를 말한다.

* 산업시대에는 다양한 직무를 주기적으로 경험하는 것을 경력개발의 의미로 인식하여 범용적이고 전반적인 인재[Generalist]를 중시해 왔으나, 새로운 시대에는 구체적이고 전문성을 확보한 인재[Specialist]

> 가 중시되고 있으며, 더욱이 향후에는 한 분야의 전문성 이외에도 다양한 분야에 전문성을 요구하는 인재[Multi-professional]로 변화하는 추세이다. …… 지식기반사회에서 10~20%의 핵심인재들이 80~90%의 부가 가치를 창출해내는 그런 체제로 가는 추세라고 할 때, 핵심인재의 육성은 매우 중요하다. …… 핵심인재에 해당하는 인재들에게 정말 그 사람들이 미래의 사업가로서 클 수 있는 또는 미래의 전문가로서 클 수 있는 그런 역량 개발 …… 핵심인재의 육성은 결국 최고경영자의 핵심가치에 충실한 인재이면서, 동시에 조직이 추구하고자 하는 목표, 비전, 전략을 효과적으로 수행할 수 있는 역량을 갖춘 인재이며, 조직에서 지적 자본의 수준을 높이는 데 기여하는 인재이다(송영수, 2002: 4-34).

기업이 요구하는 인재, 인적자원은 시대를 초월하여 유능하고 탁월한 소수의 사람을 지칭하고 있다. 다시 말하면, 기업체나 정부기관, 비영리 단체 등 하나의 조직을 가정하고, 그 속에서 개인과 조직의 목표를 달성하기 위해 전문적인 역량을 지닌 소수의 인적자원을 의미한다. 그것은 분명 핵심인재로 분류하지 않은 80~90%의 근로자나 일반적인 노동인력을 배제한다. 경제적 차원의 인재인 인적자원에 대한 이러한 의미 부여는 앞에서 다루었던 일반적 의미의 인재와 차이가 있다. 그것은 교육의 맥락에서 볼 때, 혼란과 문제를 야기한다.

기업이나 어떤 조직에서의 인적자원개발은 계획된 학습활동이다. 조직적이고 개인적인 성취가 있고, 훈련과 개발을 포함하며, 학습능력과 학습활동을 향상시켜 나가는 몇몇 특성을 지닌다. 이 때 인적자원으로 '선발되는 사람'이 문제다. 이 사람은 보통 사람인가? 탁월한 사람인가?

인적자원개발은 실업계 고등학교와 전문대학 이상의 고등교육기관과 연관을 맺거나, 기업체 내에서의 인재양성이라고 표현할 수 있다. 그것은 초·중등학교에서 고등교육에 이르기까지 학교에서 길러야 하는 일반적 인간상을 상정하지는 않는다. 여기에서 인재양성의 새로운 차원을 고민해야 한다.

21세기가 시작되기 직전까지 국내 주요 기업체는 시대변화와 기업체의 상황에 따라 다음과 같은 인재상을 제시했다.

* 현대 : 창조적 예지, 적극적 의지의 실천으로 표상되는 '현대정신'을 계승·발전시켜 '미래를 창조하는 탁월한 현대인'
* 삼성 : 변화를 리드하고 역경을 헤쳐나가는 적극적이고 실천력이 강한 도전적인 사람. 책임의식과 합리적인 사고로 매사를 빈틈없이 처리하며 남과 잘 어울려 협조해 가는 사람, 문제의식을 가지고 끊임없이 새로운 것을 탐구하는 창의성이 높고 개선의욕이 강한 끈기 있는 사람
* LG : 미래에 도전하는 행동인. 창조성이 풍부한 전문인. 개성을 발휘하는 조직인. 생활문화에 공헌하는 국제인
* SK : 패기·경영지식·경영에 부수된 지식(기초생활, 과학지식, 외국어 등)· 사교자세(이성적 행동, 자제하는 행동, 예의를 지키는 행동). 가정 및 건강관리(윤종록, 1998)

위에서 본 것처럼, 급변하는 시대에도 불구하고, 국내 주요 기업체가 내세우는 인재상은, 10~20%에만 해당하는 특별한 핵심인재나 천재급의 영재만을 상정하는 것과는 약간의 뉘앙스 차이가 있다. 각 기업들은 자신들이 요구하는 공통적 인재상과 아울러 경영자, 관리자, 평사원으로 구분되는 계층별 인재상을 제시했다. 그것은 '국제적 감각을 갖춘 세계인', '사회적 책임을 다하는 사회인', '학습력을 지닌 창조인', '팀워크를 중시하는 자율

인', '해당 분야 최고의 전문인' 등의 공통요소를 포함하고 있다. 다시 말하면, 끊임없는 변화에 대응해 나갈 수 있는 학습인, 다르게 보는 관점과 새로운 아이디어를 창출하는 창조인, 세계적인 안목과 글로벌 경쟁을 갖춘 국제인, 세계시민으로서 손색이 없는 도덕성과 윤리성을 갖춘 인재를 요구한다(송영수, 2007: 142).

이 지점에서 우리는 특별한 능력의 소유자로서의 인재, 혹은 인적자원의 의미에 대한 새로운 관점을 요청한다. 특히, 성인을 대상으로 하는 기업교육이나 인적자원개발에 관한 깊은 통찰을 촉구한다. 인적자원개발의 의미가 사회적 변화와 더불어 확대되어 왔고, 국가 인적자원개발 기본계획의 4대 영역이 "전 국민의 기본역량의 강화, 성장을 위한 지식과 인력의 개발, 국가 인적자원 활용 및 관리 고도화, 국가 인적자원 인프라 구축"이라는 점에서 인적자원개발은 전 국민의 모든 삶의 영역에 적용되므로 총체적인 접근이 요구된다(곽삼근, 2006: 54). 그것은 다시 교육의 맥락에서 논의되어야 한다. 아주 오랜 학교교육의 전통과 학교 이후 평생 진행되는 성인교육의 차원에서 평생학습의 문제로 회귀한다.

## SECTION 6 인재양성의 교육적 맥락

앞에서 우리 역사에서 진행되어 온 인재양성에 대해 살펴보았듯이, 인재양성에 관한 고민은 어제 오늘의 일이 아니다. 중요한 문제는 그것에 대한 올바른 이해와 오해의 불식이다. 시대별로 요청되는 인재의 개념과 양성의 방식은 그 시대적 사명에 충실하려는 인재양성의 주체들에 의해 달리 해석된다. 대한민국 정부 수립 후, 우리는 자유민주주의라는 정체政體를 통해 교육을 구현해 왔다. 따라서 교육의 핵심은 무엇보다도 민주적 가치를 드높이는 데 있다. 민주시민의 자질이나 자유와 평등, 개인과 공동체, 책임과 의무, 권리 등 민주주의에 관한 이해와 실천을 교육이 담보해야 한다. 그런 차원에서 인간은 누구나 갖춰야 할 기본자질과 나름대로의 고유한 능력을 발현해야 한다.

유네스코 21세기 세계교육위원회 종합보고서에서 언급한 것처럼, 대부분의 국가에서 기술 발전과 현대화의 압력에 따라 경제적 목적을 위한 교육적 요구가 지난 60여 년 동안 증대되었다. 한국도 국가 수립 이후, 이와 같은 맥락에 있다(유네스코 21세기 세계교육위원회, 1997: 85-104).

건국 초기 국가체제 확립기에 필요했던 국가관리 행정가인 관리형 인간, 1960년대 조국 근대화 시기의 전문직 직능인 중심인 경제형 인간, 1970년대 유신시기 한국적 민주주의를 고대하면서 기업체에서 요구하던 건실한 인간형, 1980년대 과학기술의 발달과 민주화 시대의 자원기술 관리자로서의 영재형 인간, 1990년대 이후 지식정보화, 국제화 시대의 창의적 지식인을 요구하는 다능형 인간에 이르기까지 다양한 인재의 요구는 인재양성의 모습이 어떠한지 보여준다.

시대상황을 반영한 교육 당국의 교육적 노력은 다분했다. 그러나 인재양성을 위한 일관된 기준이나 통일적 교육모형은 제시하지 못한 듯하다. 뿐만 아니라, 인재양성의 궁극목적이 기업이나 경제발전을 위한 산업역군, 이른바 인적자원개발에 치우쳐 있다. 그것은 인재양성의 기초인 학교교육의 본래 목적인 인격교육[인간교육]이라는 그 자체의 본질적 가치를 상대적으로 약화시키는 방식이 되었다.

**〈표 6〉 대한민국 인재양성의 맥락**

| 시대별 | 시대적 특징 | 인재규정 | 인재요소 | 인재선발의 주체 | 비 고 |
|---|---|---|---|---|---|
| 1950 년대 | · 건국 초기<br>· 민주주의 체제 구축 | 〈국가 관리행정가〉 | · 투철한 국가 사회관<br>· 공직자 윤리<br>· 국민을 위한 희생과 봉사 | 국가(각종 국가고시) | 관리형 인간 |
| 1960 년대 | · 조국 근대화<br>· 빈곤의 타파 | 〈전문적 직능인〉<br>· 과학자, 기술자<br>· 간부 사원 | · 과학기술 지식<br>· 실업교육 강조 | 국가(과학기술위원회) | 경제형 인간 |
| 1970 년대 | · 유신시대<br>· 한국적 민주주의 건설 | 〈어떤 분야에 필요한 사람〉<br>· 후천적 성취자<br>· 착한 품성의 건실한 존재 | · 적응력<br>· 임무수행력<br>· 성실성, 근면, 끈기<br>· 전체적 사고, 인간관계 | 기업체(인력관리위원회) | 건실형(健實型) 인간 |

| 시대별 | 시대적 특징 | 인재규정 | 인재요소 | 인재선발의 주 체 | 비 고 |
|---|---|---|---|---|---|
| 1980년대 | · 과학기술의 급격한 발달<br>· 민주화의 시대 | 〈자원기술 관리자〉<br>· 고급 과학기술 인력 | · 영재교육<br>· 창의성과 탐구력<br>· 수월성 추구<br>· 환경변화에 대응(자유화, 국제화) | 국가(각종 영재학교) | 영재형 인간 |
| 1990년대 이후 | · 지식정보화사회<br>· 국제화<br>· 우주첨단과학화 | 〈창의적 지식인〉<br>· 자기주도형 학습자<br>· 전문가<br>· 다기능적 인재<br>· 국제적 수준의 인재 | · 지식정보화 교육<br>· 다양한 문화<br>· 과학기술문명(환경)<br>· 외국어 | 다양화(국가, 기업, 학교, 각종 교육단체) | 다능형(多能型)인간 |

앞에서 제기했던 인재와 인재양성의 의미를 되새겨 보자. 인재는 모든 인간이 보편적으로 지닌 기본자질이다. 동시에 다른 사람에 비해 특별한 탁월한 재능이다. 그것은 전자의 측면에서 보편적 평등성을 추구하고, 후자의 측면에서 특수한 수월성을 담보한다. 다시 말하면 인재는 타고난 기본자질을 발현하고, 그것과 동시에 사회의 필요에 따라 자신의 특별한 능력을 표출한다. 교육은 그것을 최대한 펼칠 수 있도록 만들어주는 기제이다. 따라서 교육은 인재의 함양과 발현이 기본이다.

경제적 차원에서 중시된 인적자원개발도 인재양성의 한 형식일 뿐이다. 개인과 조직의 효율성과 생산성을 향상시키기 위해 조직 내에서 의도된 체계적인 학습활동이다. 그것은 교육훈련과 경력개발, 조직개발과 관계된다. 나아가 교육훈련이 학습과 성과로 전환되면서 학습조직으로서 기업의 역할을 강조하고 있다. 즉 인적자원개발은 기업의 수준에서 조명되었고 교육과 훈련 및 개발을 총괄하는 활동이다. 개발활동에는 개인개발, 경력개발, 조직개발이 포함되며 개발의 핵심수단은 교육과 학습이다(김정원, 2006: 47-54).

이제 간략하게나마 교육[학습]의 맥락에서 인재양성을 정리할 빌미가 생겼다. 인재양성의 핵심요소는 교육[학습] 활동이다. 인재양성은 공간적으로 학교에서 기업체에 이르는 전 영역에 걸쳐 진행된다. 그런데 기업이나 조직에서 조직의 목적을 위해 실천하는 교육[학습] 행위를 인적자원개발로 규정했다. 그것은 경제적[혹은 관리경영] 차원에서 교육의 본질적 가치를 뒤로 하고 수단적 가치, 효율성을 강조한 개념이다. 엄밀히 말하면, 인재양성이라는 용어로도 그것을 설명하기에 충분하다. 그러나 자본주의와 기업의 발달, 다양한 양식으로 급변하는 사회 환경은 '인간' 자체를 목적으로만 두기에는 한계가 있었다고 판단했다. 따라서 '인간'에 '자원'과 '개발'이라는 경제적 용어를 이입시켜 인간의 효용가치를 전문적 수준으로 끌어올렸다. 그렇다고 그것이 인재양성의 핵심영역, 이른바 교육의 본질 내지 핵심가치로 환원되어서는 안 된다.

다시 강조하지만, 인적자원개발은 인재양성의 범주에 있다.

굳이 나누어 설명하면, 인재양성은 모든 인간이 지니고 있는 잠재능력[才]을 길러주는, 인간에게 보편적으로 필요한 기본능력의 함양이다. 초・중등학교에서 배우는 기초교육이나 보통교육의 내용이 여기에 해당한다. 그것은 공동체 삶의 기초가 되고 모든 이들에게 평등한, 민주적 가치를 담보한다. 그러나 인적자

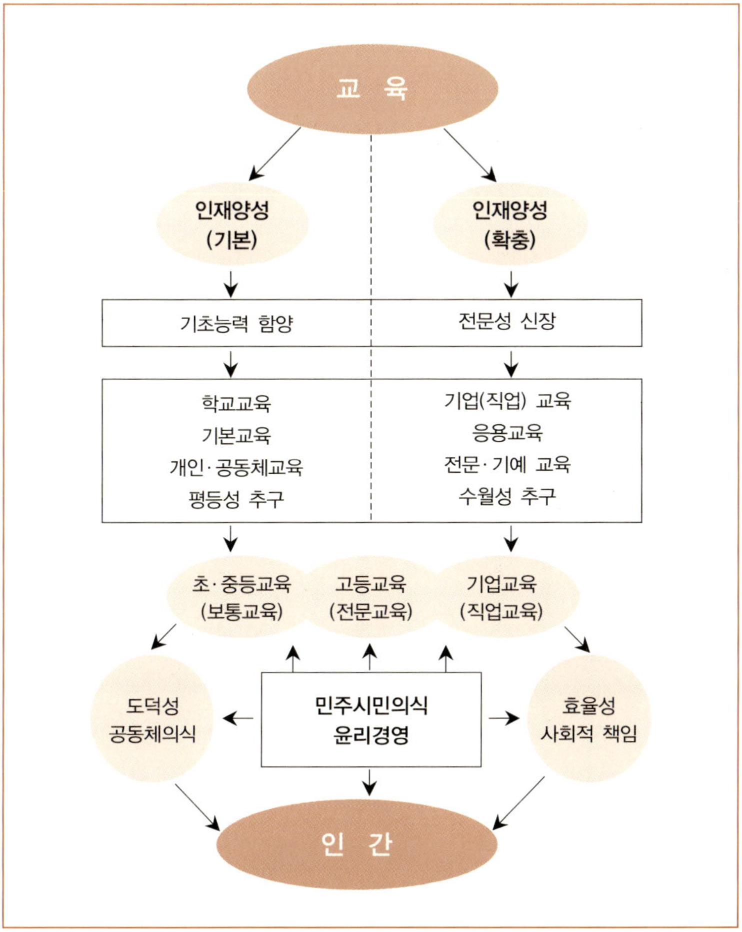


[그림 25] 인재양성과 교육의 기본모형

원개발은 – 그것을 포함하여, 혹은 그것에 더하여 – 조직의 목적을 달성하기 위하여 개인의 뛰어난 자질을 기르는 수월성의 추구이자 일종의 응용교육인 동시에 전문성을 함양하는 과정이다.

교육[학습]은 반드시 한 사회의 현실을 반영하고 추동한다. 민주주의 사회에서의 민주적 가치, 자본주의 체제에서 경제적 효용성의 문제는 교육이라는 지점을 통해 효율적으로 꿰뚫을 수 있다. 때문에 인간 삶의 기초를 확립하는 학교교육의 과정을 통해 인재를 양성하되, 그것과 유기적으로 연결된 전문·직업교육으로서의 인적자원개발이 변증법적 조화 속에 역동성을 띨 필요가 있다. 결국, 그것이 교육을 삶의 전체 상황으로 끌어들이는 계기가 된다.

## 생각해 볼 문제

01 인재를 어떻게 이해할 수 있는지, 자신이 생각하는 인재의 개념을 설명하시오.

02 교육의 역할 가운데 인재양성이 차지하는 비율이 어느 정도라고 생각하는지, 구체적 사례를 들어 논하시오.

03 현대사회가 요구하는 인재상은 무엇인지, 자신이 한 조직의 지도자라고 가정하고, 조직에 필요한 인재선발의 요건을 제시해 보시오.

Chapter 6

# 현대사회와 교육의 방향

1. 현대사회와 교육의 변화
2. 지식기반정보화사회와 교육
3. 포스트모더니즘과 교육
4. 여성교육과 양성평등교육
5. 다문화교육
6. 생태주의와 교육

## SECTION 1 현대사회와 교육의 변화

미국의 저명한 미래 정치학자 프란시스 후쿠야마(F. Fukuyama, 1952~ )는 『역사의 종말』이라는 저서에서 19세기를 '낙관주의'로 보았다. 반면, 20세기를 '비관주의'로 평가했다. 그가 19세기를 낙관적으로 바라본 이유는 크게 두 가지이다. 하나는 근대과학이 질병이나 빈곤을 정복하여 인간생활을 개선해 줄 것이라는 점이었고, 다른 하나는 자유민주주의 체제가 더욱 더 많은 나라로 확산될 것이라는 기대감이었다. 그런데 인류는 20세기를 살면서, 자신이 저지른 일로 인해 역사상 가장 쓰라린 경험을 했다. 1, 2차 세계대전, 산업성장과 그 반대급부로 발생한 환경오염, 생태계 파괴, 지구온난화, 인간소외와 물화 등 비참한 체험이 그것이다. 이제 인류는 과학과 테크놀로지에 바탕을 둔 진보논리에 커다란 의문을 제기하고 있으며, 심각한 지성의 위기를 고민하고 있다.

이러한 20세기를 체험한 인간은 사느냐 죽느냐의 생존위기에 직면하면서, 21세기를 살고 있다. 현대 21세기는 이른바, 컴퓨터 · 인터넷의 일상화로 인한 '정보화사회', '지식기반사회' 혹은 지식기반정보화사회로 불린다. 문화논리로 볼 때, 포스트모더니즘으로 규정되기도 하고, 하나의 지구촌 형성으로 인해 글로벌시대라고도 한다.

특히, 우주첨단과학기술에 힘입어 등장한 지식기반정보화사회는 삶과 교육의 시스템을 근원적으로 흔들어 놓았다. 지식기반정보화에서 정보화는 테크놀로지의 측면을 강조한다. 반면, 지식기반사회는 지식의 가치를 강조한다(이종태 외, 2000: 13). 정보화는 제한된 자원의 효율적 이용과 생산성 향상을 위한 시스템적 해결책이다. 그것은 컴퓨터와 컴퓨터 통신에 의한 정보화의 필요성, 물질적 풍요에 따른 사회적 자아실현, 욕구충족을 위한 다양한 정보의 필요성에 원인이 있다(이상희, 1997: 210). 이런 정보사회는 몇 가지 특징으로 설명할 수 있다(한백재단, 1996).

첫째 사회적 측면에서는 정보가 핵심적인 사회·문화·경제적 자원으로 생산·소비·유통되는 사회이다. 따라서 정보와 관련된 기술과 기계가 사회의 보편적 가치인 민주화에 적극적으로 기여하는 사회이다.

둘째 인간관계적 측면에서는 인간과 사회의 상호작용에서 시·공간적 제약이 약해지는 사회이다. 그러다 보니, 정보매체를 장악한 사람과 그렇지 못한 사람 사이의 간격이 확대되고, 정보에 대한 접근과 소유가 계층적·지리적으로 평준화되는 사회이다.

셋째 기술적 측면에서는 쌍방향적 네트워크가 가능해지는 사회이다. 그것은 다양한 정보들의 생산과 전달에 종사하는 사람들의 지적 창조력이 정당하게 평가받고, 정보산업이 핵심이 되는 사회이다.

그러나 정보는 기존의 경제에서 상품이나 서비스와는 다른 형태의 새로운 인풋[Input] 가운데 하나이다. 즉 정보가 많다는 것은 새로운 재료, 새로운 생명체 또는 새로운 상품 정도의 중요성이 있을 뿐이다. 그런 정보사회의 다양한 정황을 바탕으로, 최근에는 '지식기반사회'의 중요성이 부각되었다(P. F. Druckr, 1999; 2002; L. C. Thurow, 2000).

지식기반사회는 '정확하게 지식[knowledge]을 어떻게 장악하느냐'의 문제가 주요 관건이다. 다시 말하면, 근대적 의미의 생산요소로서 '노동'과 '자본'의 중요성은 감소하고, '지식'의 중요성이 증가한다는 의미이다. 여기에서 지식은 단순히 세계의 사실들을 인지하는 행위가 아니다. 단순한 세계는 자료[Data]에 불과하다. 주어진 환경 속에서 인간의 모든 지적 행위를 구조화시키고 정신적 활동에 필요한 자료의 수집과 해석을 지속시키는 일은 정보[information]에 불과하다.

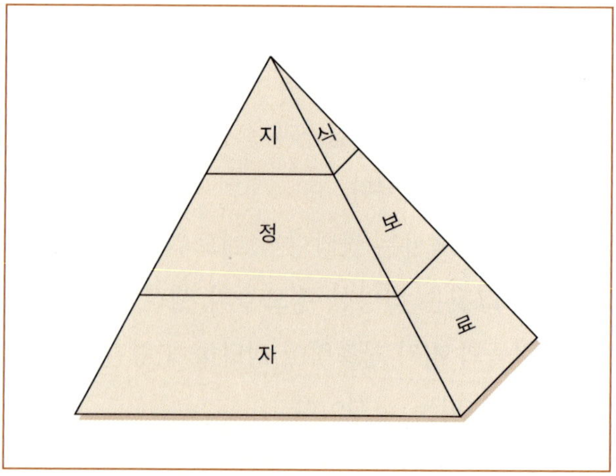


[그림 26] 지식의 위계

진정한 의미의 지식[knowledge]은 우리 삶의 관심이나 목적과 관련된다. 그것은 정보의 의미를 이해하고 평가하여 내면화하고 응용하여 활용할 수 있게 된 것을 의미한다. 자료를 통해 정보로 정돈되고 정리된 정보가 전달받은 사람에 의해 습득되고 가공되어 그 사람의 인간성의 일부가 될 때, 지식이 된다. 이렇게 내면화한 지식은 사람의 마음을 형성하고, 행동으로 나타난다. 이러한 과정을 통해서 새로운 지식을 창출한다. 그것이 다름 아닌, 창의력이고 독창성이며 아이디어이다. 따라서 지식은 생명력과 생산성을 지니며 살아 움직인다(노진호, 2001: 40).

지식을 장악하는 문제는 근본적으로 교육에서 출발한다. 그러므로 인격도야와 자료나 정보 수준의 지식 습득을 주축으로 해왔던 전통적 교육에 대한 재검토가 현대교육적 시각에서 이루어져야 한다. 이는 교육패러다임paradigm에 대한 근본적 반성을 의미한다. 왜냐하면 다음과 같은 교육적 과제들이 제기되기 때문이다(유현숙 외, 1999: 196-197).

첫째 독창적 아이디어를 제공하는 새로운 지식인이 교육적 인간상으로 부각된다.

둘째 사실적·방법적 지식[정보]을 포함하되 지식기반사회가 요구하는 새로운 유형의 지식이 강조된다.

셋째 생산요소로서 지식·정보가 갖는 결정력에 대한 관심이 증대하고, 실용적 지식[정보]을 창의적으로 활용하는 지식, 고부가가치를 창출하는 지식이 강조된다.

넷째 끊임없는 정보의 범람과 지식의 폭증으로, 학습과 직업교육, 평생교육의 필요성이 증대된다.

다섯째 지식의 하부구조로 정보기술체제가 광범위하게 도입되는 동시에 네트워크로 구축된 교육정보망이 중시된다.

여섯째 교육체제의 유연성과 경쟁력을 갖춘 교육의 재구조화가 진행되고 학교의 기능과 교사의 역할이 변화된다.

그러므로 근대적 양식의 공교육은 새로운 양식의 교육시스템에 도전을 받고 있기에, 교육패러다임 전환을 고심해야 한다.

근대 공교육에서 교육은 학교교육[schooling]을 의미했다. 그만큼 학교교육이 중시되었다. 그러나 이제는 과학기술의 발달, 지식의 폭발적 증가로, 교육은 직업교육, 평생교육의 차원에서 삶의 전 영역으로 확장된다. 또한 단일하고 획일적이며 막연한 차원의 인격함양이나 사회에의 기여라는 교육목적과 내용보다는 좀 더 다양하고 구체적이며 자기와 관계된 방식의 교육적 담론을 양산한다. 즉 환경, 생태, 인권, 평화, 통일, 여성, 죽음, 부모, 노인 등을 교육에서 적극적으로 다루고 있다. 뿐만 아니라, 컴퓨터와 인터넷의 발달은 교육매체와 방법상 혁명적 변화를 가져왔다. 이제 컴퓨터 정보교육은 필수적 교육과정이 되었다. 그리고 인터넷 사이버 교육과 지식의 정보화는 전통적인 교육의 위상을 흔들어 놓았다. 이는 사회변화에 따라 빚어지는 교육적 갈등의 양상이다. 교육이 새로운 양식으로 바뀌고 있다는 증거이다. 다시 말하면 교육패러다임의 전환이 이루어지고 있는 것이다.

현실은 무한속도로 변한다. 변하는 만큼 인간은 정보를 유용하게 즉시 이용할 수 있어야 하고, 지식으로 전환하여 생산성과 혁신을 지속해 가야 한다. 이를 가능케 하는 기초작업이 바로 교육이다. 인간이 지니고 있는 신경망처럼 교육도 전체적인 조망과 연결 가운데 현실에서의 형평과 조화를 이끌어야 한다. 이러한 사고가 근대 공교육과 다른 지평으로서 현대교육 패러다임의 기조이다.

## SECTION 2 지식기반정보화사회와 교육

지식기반정보화사회는 경제적 측면에서 자원의 효율적 이용 및 생산성 향상과 연관된다. 특히, 컴퓨터와 컴퓨터 통신에 의한 정보화의 필요성과 직접적 관계가 있다. 한편, 사회적 측면에서는 물질적 풍요에 따른 사회적 자아실현을 위한 정보욕구가 다양화한 데 기인한다. 게다가 과학 기술의 급속한 발달은 컴퓨터를 소형화·저렴화·지능화함으로써 그 보급을 가속화시키고 대중화에 기여하였다. 동시에 정보처리기술과 통신기술이 보편화되면서 정보사회는 순식간에 이루어졌고, 급속도로 변화하고 있다. 이런 사회변화는 인간의 생활양식과 사고를 바꾸었고, 교육의 방향에도 중대한 영향을 미치고 있다.

지식정보화사회를 살아가려면, 기본적으로 정보를 수집할 수 있는 능력과 정보의 가치를 판단하는 능력, 정보를 종합하는 능력, 정보를 저장하는 능력, 필요한 정보를 취사 선택하여 정보부가가치를 높일 수 있는 능력, 정보사회의 윤리 등 정보에 관한 종합적인 자질을 갖추어야 한다. 그것은 새로운 교육에 의해 가능하다. 과거처럼 단순히 읽고 쓰고 셈하기의 기초교육으로는 변화한 시대의 새 교육을 담당하기 어렵다. 더욱 중시되는 것은 컴퓨터와 인터넷, 첨단과학기기 활용능력이다. 정보화가 진행될수록 인터넷 신조어가 쏟아져 나오므로 새로운 용어는 계속 학습해야 하고, 일상생활에 편리하게 적응하기 위해 각종 정보통신기기들의 활용법을 학습해야 한다. 이는 지식기반정보사회의 교육이 학교교육만으로는 한계가 있다는 의미이다. 이제는 언제 어디서나 배울 수 있는 평생교육체제의 구축이 절대적으로 필요하다(김정환 · 강선보, 2005: 289-292).

지식 중심의 사회에서는 새로운 지식을 창출하고 이 지식을 적합하게 응용하여 지식의 부가가치를 높이는 작업, 즉 지식의 생산성을 향상시키는 작업이 중요한 과제로 부각된다. 그러나 학교 교육은 지식 주입의 양이 엄청나게 많음에도 불구하고 그러한 지식들이 삶의 유용한 도구로 활용되지 못하고 있다.

그것은 앞에서 말한, '자료[date]'와 '정보[information]', 그리고 '지식[knowledge]'을 현대적 의미에서 구명하지 못했기 때문이다.

예를 들어, 도서관을 생각해 보자. 도서관에는 다양한 분야의 여러 가지 책이 소장되어 있다. 우리는 필요에 따라 책을 대여해 본다. 여기에서 도서관에 소장되어 있는 모든 책은 '자료'이다. 그것은 도서관을 이용할 수 있는 사람이라면, 누구에게나 개방되어 있다. '정보'는 수많은 자료 중에서 일정하게 정돈된 의미 있는 것이다. 어떤 사람이 '교육'에 관심을 갖고, 그와 관련된 책을 빌리려고 한다면, 도서관의 모든 자료를 들추어 볼 필요는 없다. 이미 적절하게 분류되고 가치가 부여된 상황, 즉 '교육' 코너에서 찾으면 된다. 이처럼 수많은 자료에서 관심 영역별로 정돈하여 체계화 작업을 거친 것이 '정보'이다. 이제 자료와 정보의 구별은 쉽게 이해되었을 것이다.

그렇다면 '지식'은 무엇인가? 그것은 자료나 정보의 차원을 훨씬 넘어 있다. 즉 수집된 자료나 정보를 통해, 나 스스로 열심히 학습하여 터득한 것이다. 앞에서는 '내면화'라는 용어로 소개되었다. 현대사회에서 지식은 내 것으로 소화되고, 체득된 것이다. 내면화를 통해 다른 차원의 지식이나 새로운 아이디어의 기초가 되는 것이 진정한 지식이다.

그러나 내면화를 거친 지식은 또 다시 공개과정을 거치면서, 자료나 정보 수준으로 전락하고, 사회는 새로운 지식을 강요한다. 그것이 심화하는 것이 지식사회의 모습이다. 과거에는 일반적 지식에 불과했던 것이 지식사회에서는 전문적 지식으로 거듭나며, 과거에는 특수한 자료였던 것이 현대사회에는 보편적 자료로 전환된다. 즉 자료 → 정보 → 지식으로 발전하면서, 전문적 지식은 다시 자료(정보)의 수준으로 낡은 지식이 되고, 새로운 지식의 출현을 강요하는 순환을 재촉한다.

특히, 컴퓨터의 발달과 더불어 진행된 인터넷의 바다에 들어가 보라! 무수한 자료와 정보들이 산적해 있다. 인터넷에 접속하여 활용할 수 있는 사람이라면, 누구나 찾을 수 있고, 체득할 수 있는 자료나 정보가 엄청나다. 그런데 전통사회의 지식 개념

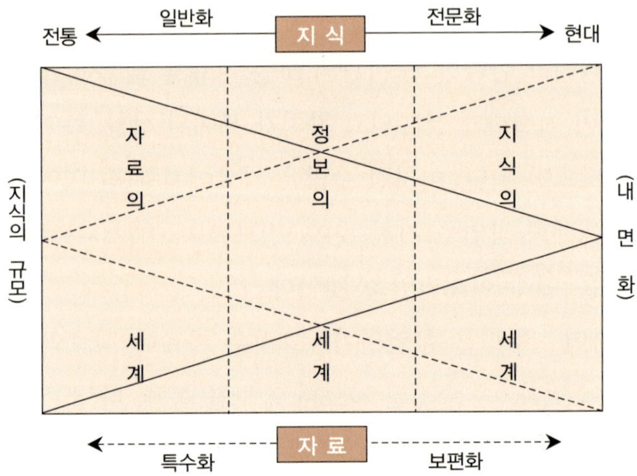


**[그림 27] 지식의 규모와 내면화 양식**

에 사로잡혀 있는 사람들은 그런 자료와 정보를 지식으로 오인한다. 그러다 보니, 인터넷 검색을 통해 모든 지식의 모든 것을 확보할 수 있다고 착각하고, 자기학습을 게을리하는 현상이 발생하기도 한다.

이런 점에서 전통 학교교육에서 말하는 지식은 현대적 관점에서 보면, 자료나 정보 수준의 낡은 지식으로 전락하기 쉽다. 엄밀히 말하면, 창의적 지식이 아니다. 현대 지식사회에서 중요한 것은, 낡은 지식이 되어 버린 자료와 정보를 활용, 새로운 지식으로 가공하여 자신의 것으로 내면화하는 공부이다.

현대사회는 전통적 의미의 지식[정보]을 많이 알고 있는 인간보다는 다양한 지식을 종합해서 응용하고 재창조하는 창의적 사고를 가진 인간이 주도한다. 또한 지식사회에서는 지금까지 학교에서 다루지 못했던 지식을 첨단공학기기를 통해, 자기 자신을 스스로 가르치는 자기교육이 가능하다. 즉 스스로 학습하는 방법을 터득할 수 있기에 독립적인 학습자가 될 수 있다. 산업사회에서는 교육과 훈련이 강조되었지만, 지식정보화사회에서는 새로운 지식을 창출할 수 있는 자기학습[self learning]이 강조된다(김정환 · 강선보, 2005: 294).

급변하는 사회에서 전통 학교교육만으로 삶을 담보하기에는 그 한계가 명백하다. 이제, 인간의 지식은 기하급수적으로 증가한다. 어떤 지식을 배우면, 금방 새로운 지식으로 대체된다. 지식의 급속한 증가로 비즈니스의 수명이 짧아지고, 일의 성격이 자주 바뀌어 직종의 변화와 새로운 직종의 탄생이 일상생활에서 벌어진다. 이제 평생직장에 안주한다는 것은 거의 불가능하다. 따라서 엄청난 도전에 대응하여 개인이나 사회가 살아남기 위해서는, 언제 어디서 누구에게나 교육을 받을 수 있는 열린 교육시스템을 구축하여야 한다.

## SECTION 3 포스트모더니즘과 교육

포스트모더니즘은 이른바, '탈근대' 혹은 '후근대', '후현대'로 번역된다. 그것은 1960년대 이후 본격적으로 나타나기 시작한 새로운 인간의 생활양식을 설명하고 정당화하기 위하여 등장한 문화논리이다(목영해, 1994). 다시 말해 현대사회의 다국적 자본주의화, 후기산업사회화, 소비사회화, 정보사회화라는 사회성격의 변화 속에서 체계화되고 있는 새로운 문명의 양상이다. 그것은 근대성에 근거한 현존하는 모든 것을 새로운 발전의 밑받침으로 삼고자 하는 현대성의 본질이다.

현대성, 즉 포스트모더니즘의 대체적인 경향은 근대성에 기반한 절대적 가치를 부정하고, 상대주의적 가치를 지향하며, 획일화를 거부하고 다원성을 지향한다. 그리고 필연성을 거부하고 우연성으로 나아간다. 또한 대서사[grand narrative], 형이상학, 총체적 사고에 대해 거부하며, 반정초주의[anti-foundationalism], 다원주의[pluralism], 반권위주의[anti-authoritarianism], 연대의식[solidarity]을 표방한다. 이러한 사고의 바탕에는 근대적 자아의 해체와 탈정전화脫正典化, 대중들의 유희 향락적 문화의 추구가 자리하고 있다(김정환 · 강선보, 1998; 2005). 그것은 정보혁명이라는 새로운 산업사회의 출현과 더불어 상승효과를 발휘하며 문화를 주도하고 있다.

포스트모더니즘은 체계적인 이론이나 포괄적인 철학을 지칭하는 것은 아니다. 그것은 전통철학으로부터 급격한 이탈과 변화를 보인다. 이러한 변화는 지식과 진리, 합리성과 이성, 그리고 선과 가치의 궁극적 기초에 대한 확신으로부터 회의와 불신으로의 전환이다. 포스트모더니즘은 진리와 객관성, 이성과 확실성에 대한 전통철학적 관념에 대한 도전과 거부를 표방한다.

한국에서 포스트모더니즘은 1980년대 후반부터 도입 · 논의되기 시작하였다. 앞에서 언급한 것처럼 포스트모더니즘은 특정의 이론이나 원리를 가지고 모든 것을 획일적으로 규정하고 통제하는 전체적 사고방식을 비판한다. 따라서 현대문화를 지배하는 포스트모더니즘의 정신이란 진리와 지식, 그리고 인간과 사회에 대한 기존의 모든 이론체제나 사고체제가 갖는 절대 객관성과 확실성을 부정하고, 다원성과 상대성에 대한 인식을 바탕으로 그들이 가졌던 권위의 허구성을 드러내고 해체하는 작업을 1차적 특성으로 한다. 그래서 오늘날의 시대를 하나의 진리에 의해 지배되지 않는 사회, 수많은 담론이 그 나름대로의 정당성을 인정받게 되는 포스트모던 사회라고 하는 것이다.

이런 사회에서 1990년대 들어 등장한, 이른바 신세대들, 그 이후의 X세대, N세대, P세대, Na세대는 자신들의 자율적 주권을 강도 높게 표출하고 기존의 질서를 해체시키면서 나름대로의 영역을 구축하고 있다. 이러한 청소년 세대의 변화에 대처하기

**❤참고자료 15 : 근대와 포스트모던 시대의 학생 가치관 비교**

| 근대 사회 | 포스트모던 사회 |
|---|---|
| ·문자 중심<br>·이성 중심<br>·시비是非[옳고 그름]를 기준으로 판단·행동<br>·논리적 심사숙고<br>·미래의 득실로 행동<br>·다른 사람을 닮고 싶은 동질 지향<br>·자기절제<br>·체면과 형식<br>·보고 듣고 구경하는 정적 문화<br>·소유에 대한 집착과 욕구 | ·영상 중심<br>·호오好惡[좋고 싫음]를 기준으로 판단·행동<br>·감각적 판단과 행위<br>·현재의 좋고 싫음으로 행동<br>·다른 사람과 다르게 살고 싶은 이질 지향<br>·자기표현<br>·자기충실과 자기지향<br>·참여하며 즐기는 동적 문화<br>·사용 가치의 중시와 소비 |

위해서는 기존의 교육방식만으로는 한계가 있다. 그러므로 새로운 교육방식의 개발이 절실하다. 사회가 급속도로 변화하고, 청소년들의 의식구조도 급변하고 있는 상황에서 교육도 능동적으로 대처해 나가야 하는 것이다.

기존에 시행되는 대부분의 교육이론과 실천은 모더니티의 담론에 근거를 두고 있다. 획일적인 교육적 가치와 관료적 교육관행, 과도한 국가통제 등 근대적 제도에 의해 교육이 이루어진다. 이러한 모더니티 교육은 학교에 대한 기대와 믿음을 점점 떨어뜨리고 있다. 반면, 포스트모던 시대의 교육은 교육에 대한 분산, 교육에서 학부모 및 시민들의 참여, 학교교육의 다양화, 사회교육 및 성인교육의 활성화, 평생교육의 강조 등 근대적 사고에서 벗어나려고 몸부림친다. 다시 말해서, 모더니즘의 산물로서 학교교육의 극복과 보완을 위한 이념적·실천적 시도가 포스트모던적인 사회문화 속에서 이루어지고 있는 것이다.

## SECTION 4 여성교육과 양성평등교육

한국은 전통적으로 여성에 대한 편견이 있었다. 예를 들어, "암탉이 울면 집안이 망한다", "남편은 하늘처럼 높이 떠받들어야 하고 여자는 땅과 같이 낮추어본다", "여자가 시집살이 하려면 봉사 3년, 귀머거리 3년, 벙어리 3년을 해야 한다." 등등의 말만 보아도, 여성에 대한 부정적인 이미지로 가득 차 있다. 여자는 시집을 가면 출가외인出嫁外人이라고 하여, 친정과 발걸음을 끊으며 혹독한 시집살이에 시달려야 했다.

조선시대 여성의 교육을 다루고 있는 『내훈內訓』을 보면, 여성의 교육적 지위가 어떤지 짐작할 수 있다. 시부모 봉양의 경우, "밤낮으로 공경하여 조심하고 털끝만큼이라도 그 뜻에 어긋날까를 염려해야 한다"고 되어 있다. 뿐만 아니라, 여성은 남편에게 예속된 존재로 아들을 낳아 가문의 대를 잇게 할 의무가 있었다. 아들을 낳지 못할 경우에는 시집에서 쫓겨나기도 했다. 지금으로 보면 엄청난 억압이자 인권탄압이다.

이처럼 한국의 전통 여성교육은 여성이 주어진 여성의 역할을 충실히 수행하는 데 있었다. 그것은 여자로서 필요한 예의범절, 한 집안의 며느리, 한 남자의 아내, 자녀의 엄마로서 필요한 덕의 강요였다. 따라서 여성 자율적으로 판단하고 결정할 수 있도록 이해력이나 판단력을 기르는 교육은 상상하기 힘들었다. 대신, 남편에게 순종하고 시집의 가족과 자녀를 보살피는 가정 내 역할수행에 요구되는 덕목을 내면화하는 일이 교육의 중심 내용이 되었다.

특히, 남자와 여자를 구별하는 남녀유별男女有別이나 내외구분內外區分과 같은 의식은 아내, 며느리, 어머니로서 남존여비男尊女卑를 조장하여 차등적이고 위계적 관계를 당연하게 받아들이게 했다.

여성은 태어나면서 이름조차 제대로 주어지지 않았다. 어릴 때는 부모를 정성껏 모셔야 하고, 시집가서는 남편을 수족처럼 따르다가, 남편이 죽으면 다시 자식을 따르며 보살피는 삼종지도三從之道를 실천하며 자신을 희생하는 극심한 남녀 차별을 경험하였다. 이런 시대에도 많은 여성들이 남성으로 다시 태어나고 싶은 소망을 규방가사나 여류시 등 여러 문학작품에서 노래하기도 했다.

그러나 근대 개화기 이후, 서구사상의 영향과 산업양식의 변화, 서구의 교육제도 유입, 전통적 가치관과 가족관의 와해로 인해, 여성들의 삶의 양식도 바뀌기 시작하였다. 특히, 1945년 해방 이후 민주주의 양식의 도입과 더불어 교육기회의 균등, 남녀공학제 실시 등 여성교육 기회의 확대와 양적 팽창이 이루어졌다.

미군정 시기 여성교육은 남녀평등의 원칙 하에서 이루어졌다. 남녀공학의 실시는 교육의 기회균등의 원칙에 입각하여 남녀차별을 없애기 위해 주장된 것이다. 남녀에게 평등한 역할을 갖게 하고 양성 간의 자연스러운 상호 협력의 가치관을 갖도록 하는 데 그 목적이 있었다. 물론 이러한 정책은 형식적으로 남녀 교육의 격차를 줄이는 데 크게 기여하였다. 그러나 남녀 양성에게 실질적인 평등교육이 제공된 것은 아니었다. 예컨대, 남자와 여자가 같은 일을 해도 남자에게 적용되는 기준과 여성에게 적용되는 기준이 달랐다. 따라서 21세기 양성평등 실현을 위한 문화와 교육이 더욱 필요하다(조경원, 2007: 23-48). 그 이유는 다음과 같다.

첫째 사회정의의 차원이다. 양성평등의 문화와 교육의 실현 없이, 사회정의를 이룰 수 없다. 사회정의는 인구의 절반을 이루는 여성에 대한 공평한 배려와 분배, 여성의 인권을 온전하게 존중할 때 가능하다. 단순히 남성에게 의지해서는 곤란하다. 그 반대의 경우도 마찬가지다.

둘째 여성의 인력활용 차원이다. 여성을 제대로 교육하지 않을 경우, 세계 경쟁의 대열에서 인구의 절반인 여성 인력을 충분히 개발하지 못할 수 있다. 그것은 국가적 손실인 동시에 개인능력의 낭비이다. 따라서 양성평등교육에 의해 뒷받침된 여성의 사회참여를 통해 국민의 삶의 질 향상에 기여할 필요가 있다.

셋째 사회발달 차원이다. 한 가족공동체의 일원으로서 남성과 여성의 협력은 불가피하다. 마찬가지로 사회에서도 여성들의 참여욕구에 대한 지원과 여성 참여에 대한 남녀 양성의 올바른 이해와 교육이 요구된다.

넷째 시대적 차원이다. 21세기 지식기반사회에서는 획일적·권위적 틀에서 벗어나 창의적·감성적·민주적 측면의 다양한 사고가 요구된다. 즉 여러 형태의 지식과 문화산업의 비중이 증대하는 상황에서 여성의 창의력과 감성은 중요한 자원으로 활용할 수 있다.

요컨대, 지금까지 여성의 경험과 가치들은 평가절하되어 온 측면이 있다. 이제는 이를 적극적으로 존중하고 여성에게 잠재된 능력을 펼쳐낼 필요가 있다. 특히, 경제개발 위주의 불균형한 발전에 따른 문화적 모순과 가부장적 가치의 혼란을 재건하기 위해서는 양성평등교육이 절실하다.

# SECTION 5 다문화교육

세계를 오직 자신의 문화적 관점에서만 파악하는 사람들은 인간의 총체적 경험을 이해할 수 없다. 그들은 문화적·인종적으로 편협한 상태에 놓여 있다. 따라서 이들은 자신의 문화를 충분히 인식하지 못한다. 자신의 문화적 배경은 다른 문화의 관점에서 바라볼 때, 온전히 파악될 수 있다.

다문화교육은 학생들의 교육에 중대한 변화를 추구하는 일종의 개혁운동이다. 미국과 여타 서구 국가들의 가장 중요한 특징 중의 하나가 인종, 민족, 문화, 종교 등, 이른바 다양성이다. 한국의 경우에도, 최근 국제결혼을 통한 다문화가정이 부쩍 늘었다. 특히, 농촌지역에서는 베트남, 캄보디아 등 다양한 문화를 지닌 사람들이 어울려 살고 있다. 이러한 다양성은 국가의 자산을 풍부하게 하고 국민들이 개인적·공공적 문제를 인식하고 해결하는 방식을 증가시켜 줄 수 있다. 아울러 다양성은 국민들에게 타문화를 체험할 수 있는 풍부한 기회를 제공하여 개인의 자아실현을 도와준다. 개인들이 다양한 문화에 참여할 기회를 가질 때 비로소 그들은 인간의 총체적 경험으로부터 많은 것을 배울 수 있다.

다문화가정이 증가하고, 글로벌시대 국제적 교류가 활발한 현재, 다문화교육은 매우 중요하다. 특히, 단일민족이라는 이름 하에, 단일성을 중시했던 한국의 전통교육은 새로운 시대 추세를 돌아보아야 한다. 그런 차원에서 다문화교육의 목적이 무엇인지 간략하게 살펴보자(J. A. Banks, 2008: 2-8).

첫째 개인들에게 다른 문화의 관점을 통해 자신의 문화를 바라보게 함으로써 자기이해를 증진시키는 일이다.

둘째 학생들에게 문화적 · 민족적 · 언어적 대안과 선택을 가르치는 일이다. 지금까지 한국은 학교교육 과정에서 주류집단인 한국인의 역사와 문화에 초점을 맞추어 왔다. 베트남, 캄보디아 등 우리와 다른 민족에게는 그들이 지닌 다양한 문화와 가치관이 있는데, 그것은 나름대로 존중되어야 한다.

셋째 모든 학생이, 자문화, 주류문화, 그리고 타문화가 공존하는 다문화사회에서 요구되는 지식과 기능, 태도를 습득하도록 하는 데 있다.

넷째 소수민족 집단이 그들의 인종적 · 신체적 · 문화적 특성 때문에 겪는 고통과 차별을 감소시키는 데 있다.

다섯째 학생들이 전 지구적이고 공통성을 지닌 테크놀로지의 세계에서 살아가는 데 필요한 읽기, 쓰기, 그리고 수리적 능력을 습득하도록 돕는 일이다.

여섯째 학생들이 자신이 속한 문화공동체, 국가적 시민공동체, 지역문화, 그리고 전 지구적 공동체에서 제구실을 하는 데 필요한 지식, 태도, 기능을 다양한 인종, 문화, 언어, 종교집단의 학생들이 습득하도록 도와주는 일이다.

이러한 다문화교육은 다섯 가지 차원에서 이루어져야 한다(J. A. Banks, 2008: 44-51). 첫째, 내용의 통합, 둘째, 지식구성의 과정, 셋째, 편견의 감소, 넷째, 평등한 교수법, 다섯째, 학생들에게 기회를 제공하는 학교문화와 사회구조 등이 있다.

첫째 내용통합은 교사들이 교육과정에서 자신의 교과나 학문 영역에 등장하는 주요 개념이나 원칙, 이론 등을 설명하기 위해, 다양한 문화나 집단에서 볼 수 있는 사례나 내용을 활용하는 일이다.

둘째 지식구성의 과정은 특정 학문영역에 내재하는 문화적 가정이나 관점, 편견 등이 해당 학문에서 어떻게 지식으로 형성되는지 살펴본다. 특히, 그것에 영향을 미치는 부분을 학생들이 이해하고 조사하고 판단할 수 있도록 교사가 돕는 일이다.

셋째 편견의 감소는 학생들이 갖는 인종적 태도의 특징과 그것이 교수법이나 교재에 의해 어떻게 달라질 수 있는가에 대해 성찰하는 일이다.

넷째 평등한 교수법은 교사가 다양한 인종, 민족, 사회계층 집단에서 온 학생들의 학업성취도를 높이기 위해 수업을 수정하는 일을 말한다. 여기에는 문화적 · 인종적 집단 내에 존재하는 독특한 학습습관에 부합하는 다양한 교수법도 포함된다.

다섯째 학생들에게 기회를 제공하는 학교문화와 사회구조는 수업과 스포츠 참여에서 집단화하는 것을 말한다. 예컨대, 학업성취에서의 불균형, 민족적·인종적 동질성에 따라 행해지는 교직원과 학생의 상호작용 등은 다양한 인종·민족·문화집단에서 온 학생들에게 동일하게 기회를 부여해야 하고, 그런 학교문화를 창조하기 위하여 면밀하게 조사되어야 한다.

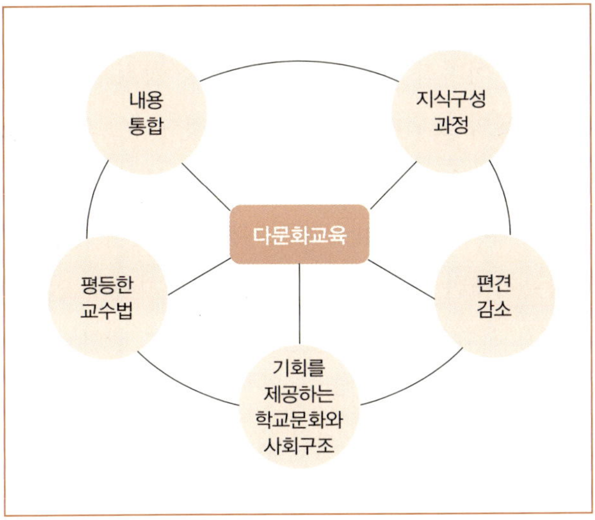


[그림 28] 다문화교육의 다양한 차원

## SECTION 6 생태주의와 교육

현대사회 최대의 위기는 고도산업사회와 성장의 그늘에서 죽어가는 생태문제이다. 생태주의는 인간과 자연의 역동적인 상호작용이 일어나는 장에서, 생명체 간의 생존하는 방식을 규명하고, 이것이 인간현상에 주는 시사점이 무엇인가를 철학적으로 사유한다. 특히 중세 말부터 뿌리내린 인간중심주의의 철학적 한계를 비판하면서 이성과 과학에 토대를 둔 모더니즘적 세계관을 문제 삼는다. 아울러 인간의 자기 본위, 경쟁, 소유 등과 같은 자본주의 사회의 지배적 가치를 근본적으로 재검토한다(김귀성 · 노상우, 2001). 다시 말하면, 근대 이후, 자연에 대한 인간의 전반적 태도 - 이기적 · 탐욕적 · 비도덕적 방식으로 자연을 지배해 온 - 자체의 도덕성이 문제가 된 것이다(조용개, 2008: 54).

그러기에 생태주의는 자구촌의 모든 생명들을 전체의 네트워크 안으로 통합하고, 상생相生의 관계를 회복하여 생명존중의 문명창조라는 거대한 담론을 제시한다. 과학기술은 인간과 자연을 분리하고 자연은 오로지 인간 삶의 증진을 위한 지식을 제공하는 객체적 대상으로 간주하였다. 그러므로 생명을 경시하고 파괴하는 가혹한 비인간화 현상을 낳았다. 그럼에도 불구하고 기존의 근대 공교육은 이러한 인간 중심의 과학적 · 철학적 인식론에 기초하여 전개되었다.

생태주의자들은 생태파괴의 원인이 인간을 자연으로부터 분리시키는 과학의 이원론적 사고에서 비롯되었다고 본다. 근대 철학을 연 데카르트는 정신을 주체로 하고 물질을 객체로 확연히 구분지어 인간과 자연에 대한 이원론적 인식의 틀을 제공하였다. 그리하여 인간이 자연을 지배하는 주체로 보고, 인간과 자연을 분리하였다. 이런 인간중심주의적 사고는 뉴턴으로 대변되는 과학사상으로 새롭게 발전하면서 과학적 탐구로 인한 각종 신기술을 발명하였고, 이는 경제발달의 추진력이 되었다. 문제는 과학기술의 발달이 인간의 삶을 편리하게 만들었으나, 환경과 생태계를 파괴하여 오히려 인간을 죽이는 방향으로 흘러왔다는 점이다.

근대 이후 발전한 교육사상은 이러한 과학철학적 입장에 부응하여 효율성을 강조하였고, 도덕적 윤리문제는 2차적인 것으로 전락하고 말았다. 특히, 기술적 업적과 효율성을 추구하는 인간자원 개발이 강조되면서, 교육에서 목적론과 방법론이 분리되었다. 가치와 지식의 분리현상이 초래되고, 목적론에 대한 방법론이 우세하게 되었다.

| 기계주의 | 생태주의 |
|---|---|
| · 주체와 객체의 분리 | · 주체와 객체의 상호작용 |
| · 인간과 자연의 분리 | · 인간과 자연의 통일 |
| · 직선적 시간관 | · 순환적 시간관 |
| · 개체의 힘을 강조 | · 체계들 사이의 상호관계 강조 |
| · 양적인 것 강조 | · 질적인 것에 관심 |
| · 윤리와 일상생활의 분리 | · 윤리와 일상생활의 통합 |
| · 수단적 가치 | · 내재적 가치 |
| · 전문화와 경쟁 | · 다차원적 접근과 협동 |
| · 동질성의 증가 | · 다양성의 증대 |

**[그림 29] 기계주의와 생태주의의 특징 비교**

기존의 교육은 어떻게 하면 인간의 내적 힘을 키워서 자연으로부터 더 많은 자원을 획득하는 도구로서의 지식과 기술을 생산하고, 그것을 어떻게 효과적으로 전달할 수 있는가에 주된 관심을 두고 있다. 그러나 생태학적 주장들은 교육이 자연을 인간

생명과 연결된 생명체로 인식하는 교육철학과 이러한 생명체가 협동하며 공생하는 상생相生 관계를 기본원리로 삼는다. 다시 말하면, 생태주의 교육은 인간과 자연, 그리고 인간과 인간 사이의 생태학적 유대성을 존중하면서 새로운 세대들에게 더 좋은 사회발전에 이바지하게 하는 것이다. 이제 교육은 현재의 생명경시, 생명파괴 현상을 인간 자체의 변화나 사회구조의 변화에서뿐만 아니라, 인간과 자연 사이의 상생관계를 증진하는 데 관심을 가져야 한다.

생태적 교육의 과제는 교육의 대상 범주를 인간과 자연이 상호작용하는 장으로 만드는 것이다. 다시 말하면, 자연과 인간이 일체감을 이루어, 자연을 대하는 인간의 사고와 행위가 혁신적으로 바뀌게 되어, 학생들이 환경친화적 태도를 형성할 수 있도록 하는 일이다. 동시에 인간과 자연의 상생을 위한, 생명력을 활성화할 수 있는 계기를 마련하여, 학생들이 생태윤리를 배양할 수 있게 한다.

## 생각해 볼 문제

01 현대사회의 특징에 비추어 볼 때, 교육은 어떻게 변화해야 하는지, 자신의 견해를 제시하시오.

02 현대사회의 다양한 교육문제 중에서 하나를 고르고, 그 문제를 합리적으로 해결할 수 있는 교육정책을 제시해 보시오.

03 시대의 변화추세로 볼 때, 미래 한국의 교육에서 가장 중요한 교육문제가 무엇일지 예견하고, 그 이유를 설명하시오.

Chapter 7

# 교육학의 성립과 학문적 성격

1. 교육학의 성립과정

2. 교육학의 학문적 성격

3. 교육학의 핵심분야들

## SECTION 1 교육학의 성립과정

교육학은 교육에 관한 사상이나 현상, 제도 등 그 원리와 방법을 연구하는 학문이다. 그것은 동·서양을 막론하고, 고대사회 때부터 논의되기는 했지만, 학문으로 독립된 것은 근대 이후의 일이다. 교육학[pedagogy]이란 말을 처음으로 사용하여 체계화를 시도한 사람은 19세기 독일의 철학자 헤르바르트이다(손인수, 1987: 16-17). 제1장에서 살펴본 것처럼, 그는 교육학을 목적론과 방법론으로 구분하고, 교육목적을 윤리학에 두고 교육방법론은 심리학에 기초하여 교육학을 체계화 하였다.

물론, 그 이전에도 교육학과 관련한 내용이 문헌으로 선을 보인 적은 많았다. 철학의 한 분야로서 플라톤의 『국가』나 『법률』, 아리스토텔레스의 『정치학』, 퀸틸리안의 『웅변교수론』 등의 저서에서는 교육문제에 관해 훌륭하게 고찰하고 있다. 그러나 교육 자체를 본격적이고 전문적으로 연구한 것은 아니었다. 르네상스와 종교개혁을 거쳐 중세적 종교의 지배로부터 벗어나게 되고, 근대국가가 탄생하고 서민계급의 교육기관이 보급되면서, 교육에 대한 전문적인 이해가 시도되었다. 이 때부터 교육학이 성립할 조짐이 보였다.

17세기에 들어서면서 라스케의 『교수의 방법』이 소개되고, 계통적인 교수방법의 원리를 고찰한 코메니우스의 『대교수학』, 아동의 성장과 성격 형성의 과정을 세밀히 분석·검토한 로크의 『교육에 관한 소고』, 루소의 『에밀』 등 교육을 본격적으로 다룬 저작들이 쏟아졌다. 이런 발달을 거듭하다가 18세기에 들어서면서 교육학이 하나의 학문체계로 인정받기에 이른다.

앞에서 언급했듯이, 인간을 '교육적 동물'로 규정한 칸트는 1776년에서 1787년에 이르기까지 네 학기에 걸쳐 대학에서 교육학 강의를 하였고, 1779년 헬레대학의 트랍도 교육학 강좌를 개설하였는데, 이것이 교육학이 대학에서 강의되고 학문의 세계에서 공식적으로 인정받는 계기가 되었다.

이런 교육학의 발달에 힘입어 하나의 학문체계로 구축한 사상가가 바로 헤르바르트였다. 헤르바르트가 1806년에 지은 『일반교육학』은 교육학 분야에서 최초의 학문적 저술로 인정되고 있다. 이후, 20세기에 이르기까지 교육학은 윤리학과 심리학 등 기초과학으로부터 여러 가지 법칙을 교육에 도입하여 설명하는 응용과학의 성격을 지니고 있었다.

20세기에 들어서면서 교육학은 다윈의 진화론과 실험심리학 등의 발달에 힘입어 실험적·통계적 방법을 채택하게 되었다. 그리하여 여러 가지 측정기와 측정기술, 그리고 자료를 수집하여 해석하는 기술 등이 발달되었다. 또 한편으로는 문화과학·정신과학의 개념이 성립함에 따라 역사적 실증성을 도입하게 되었다. 그것은 교육현상을 역사적 또는 사회적 관점에서 유형화하는 연구방법으로 발달하게 되었다. 또 교육현상을 사회과학의 대상으로 보려는 경향이 현저하게 나타나 교육학을 사회과학으로 건설하려는 시도도 일어났다.

## SECTION 2 교육학의 학문적 성격

헤르바르트가 교육학을 체계화한 이후로, 교육학의 학문적 성격에 대한 논쟁은 끊임없이 이어져 왔다. 교육학이 과연 독립적인 학문인가, 응용과학인가? 행동과학인가, 규범과학인가?

교육학을 응용과학의 입장에서 바라보는 관점은, 헤르바르트가 체계화한 교육학을 엄밀하게 응용과학이라고 한다. 왜냐하면 교육의 목적을 윤리학의 대상인 '도덕적 품성도야'에 두었고, 이 도야의 방법을 심리학에서 찾았기 때문이다. 나토르프(P. Natorp, 1854~1924)의 경우, 교육목적을 순전히 윤리학에만 둔 헤르바르트를 비판하면서 교육목적을 도덕, 과학, 예술의 조화로운 발전에 두고, 이를 실현하기 위해 윤리학, 논리학, 미학이 그 기초과학이 되어야 한다고 주장하였으나 이 역시 응용과학의 차원에서 이해한 것이다.

독립과학의 입장은 교육학이 응용과학이 아니라 독자적이고 독립적인 학문분야임을 강조한다. 모이만(E. Meumann, 1862~1915)만은 교육학이 여러 가지 기초과학과 보조과학으로 성립하긴 했으나, 이 때문에 학문의 독자성이 손상되는 것은 아니라고 보았다. 또한 크리크(E. Krieck, 1882~1947)는 교육의 본질이 명백하고, 교육이라는 사실을 성립하게 하는 법칙과 교육과정이 뚜렷하여, 독자적인 연구대상과 목적, 방법이 있기 때문에 교육학은 독립과학으로서 교육과학이라고 주장하였다.

교육학을 응용과학으로 보든지, 독립과학으로 보든지 간에,

분명한 점은 교육현상을 설명하는 단위지식들의 모음으로 이루어진 학문의 한 영역이며, 이러한 교육학적 지식 역시 과학적 탐구를 통해 얻어진 결과라는 것이다. 다른 학문이 인간, 사회, 자연 중 특정한 현상에 초점을 맞춰 그것을 대상으로 과학적 탐구가 이루어진다면, 교육학은 인간 대 인간, 인간 대 사회, 인간 대 환경의 관계에서 일어나는 '다면적 인간의 변화과정'을 분석·구명하려는 '종합학문'이다. 이런 교육학은 다시 하위학문 영역을 구성하고 있는데, 연구자가 어떤 연구방법론을 채택하여 교육현상에 접근하느냐라는 연구방법론 중심의 교육학과 교육이 일어나는 상황을 분석적으로 접근한 이론체계가 있다.

연구방법론에 기준한 교육학은 교수자 혹은 공급자 중심의 교육현상 분석법으로 교육철학, 교육심리학, 교육사회학, 교육행정학, 교육공학 등이 있다. 상황에 기초한 교육학은 학습자 혹은 수요자 중심의 교육현상 분석법으로 가정교육학, 학교교육학, 기업교육학, 사회교육학 등이 있다. 교육학은 전통적으로 공급자 중심의 연구방법론에 기초한 교육학, 즉 규범과학, 자연과학, 사회과학, 예술로서의 교육학 등으로 분화 발전되어 왔다.

### 1) 규범과학

규범과학적 성격으로서 교육학은 다양한 인간행동에 대한 일관성 있는 판단의 기준인 '규범'이 교육학의 영역에서 추구된다.

- 우리는 왜 교육을 하는가?
- 참된 교육활동은 무엇인가?

- 교육은 어떤 제도에 의해 이루어지는 것이 바람직한가?

이는 현재 이루어지고 있는 교육이 어떤 것인지 상관없이 이상적 교육의 본질과 그것을 가장 잘 실천해낼 수 있는 이상적 원리를 밝히는 학문영역이다. 여기에는 교육철학, 교육윤리학, 종교교육학 등, 교육의 기초와 교육사·교육철학과 같은 영역이 포함된다.

### 2) 자연과학

자연과학적 성격으로서 교육학은 교육활동에서 계획성·실험성·실증성을 상정하고 있다. 계획성은 인간의 변화도 자연현상처럼 인과관계가 분명하여 의도한 행동의 변화를 만들어낼 수 있다는 가능성이다. 실험성·실증성은 어떤 법칙을 증명할 수 있음을 말한다. 여기에는 교육심리학, 교육평가, 교육공학, 교육측정 등의 영역이 포함될 수 있다.

### 3) 사회과학

사회과학적 성격으로서 교육학은 사회에서 이루어지는 모든 인간관계는 교육적인 의도, 즉 사회의 교육성이 내포되어 있다고 본다. 그러므로 교육의 목적과 내용은 사회적 과정을 통해 결정된다. 때문에 교육현상은 인간에 의해 창조되고 변화되기도 하며, 사라지기도 한다는 교육의 인위적 질서를 전제로 한다. 그리고 시간과 공간에 따라 다르게 나타난다는 특수성과 다양성을 인정하며, 인간의 가치판단이 개입되어 있다는 가치의 함축성을 상정한다. 여기에는 교육사회학, 교육경제학, 교육행정학, 교육정치학 등의 영역이 포함된다.

### 4) 예술로서의 교육

전통적으로 예술은 '하는 것', '만드는 것', '감상하는 것', '심미적인 것' 등 감성의 작용으로 파악되어 왔다. 이는 예술을 고차원적인 것이 아닌 기술적 행위로 인식한 것이었다. 그러나 20세기 후반부터 예술을 단순한 기능적 교과나 감상적 차원을 넘어 지적인 교과와 대등하게 보려는 경향이 대두되었다. 이러한 관점은 지식을 중심으로 형성·발전되어 온 교육에 대해 새로운 영역을 제시해 주고 있다. 즉 교육의 목적으로 미적 심성의 개발이라는 말이 가능하게 되었고, 이를 위한 교육과정과 방법의 개발이 필요하게 되었다. 예술로서의 교육학은 교육미학, 교육문학 등을 들 수 있다.

이와 같이 다양한 분류에도 불구하고, 교육학이라는 통일적인 학문의 장을 통해, 우리는 복합적인 교육의 분야에 주어진 사실들을 종합해야 한다. 그 여건들과 작용연관들을 분석하고 밝히며, 사회적·역사적 배경과 경향을 해석학적으로 이해하는 모든 인식추구의 총체를 갈망해야 한다. 유아에서 성인에 이르기까지, 인지적 측면의 학습에서 사회적 측면의 학습에 이르기까지, 그리고 기술의 숙달에서 예술과 종교교육에 이르기까지, 교육의 대상영역은 복합적이다. 이렇게 복합성을 지닌 교육학은 내용의 측면에서, 다음과 같은 사항에 대한 대답과 도움을 찾는 작업으로 인식된다(한스 쇼이얼, 1993).

**첫째** 생물학적-인간학적 소여성所與性이다. 예를 들면, 신생아의 미숙함과 의존성, 성장과 성숙에 필요한 양육 등이 그것에 속한다.

**둘째** 사회적-역사적 소여성이다. 이는 문화의 전승 및 그때그때 구체적인 사회로의 편입을 위한 학습의 필요성, 여러 종류의 규범들이 서로 상반되는 상황에서 규범들 사이에 일어나는 갈등의 극복이다.

**셋째** 정신적인 내용에 대한 개별적인 자극과 격려이다. 즉 경우에 따라서 집단적으로 주어져 있는 관심과 이해방식, 그리고 이념들에 대한 개별적인 자극과 격려이다.

왜냐하면 교육은 어떤 경우에도 단순히 순응하거나, 이미 완성되고 경직된 전형들을 넘겨받는 일을 원하지 않기 때문이다. 교육은 학습자가 스스로 책임질 수 있는 삶을 영위하고 또 그의 능력이 고유한 판단을 내리기를 소망한다.

## SECTION 3 교육학의 핵심분야들

현재, 한국의 교육학은 여러 영역으로 나누어져 있다. 교직과목의 경우, 교육학개론, 교육철학 및 교육사, 교육심리학, 교육사회학, 교육방법 및 교육공학, 교육과정 및 교육평가, 교육행정 및 교육경영, 교육실습, 교재연구 및 지도법, 교과교육론 등 10여 개로 분산되어 제각기 교육되고 있다.

여기서는 교사로서 지녀야 할 자질과 관련하여 교육과정, 생활지도, 학습지도, 교육평가에 대하여 간략하게 제시한다.

### 1) 교육과정

교육은 구체적 목적과 방향이 있는 의도적이고 가치 지향적인 활동이다. 따라서 목적과 방향이 정해지면 단계별 교육수준에 따라 어떤 내용을 다루어야 하는지 고민해야 한다. 특히 지식의 양이 기하급수적으로 증가하고 사회구조가 급격하게 변화하고 있는 현대사회에서 어떠한 지식을 골라 정해진 기간에 가르쳐야 하는지의 문제는 심각한 일이다. 우리가 모든 지식을 가르칠 수는 없다. 가장 기본적이고 필수적인 지식과 지혜를 선정하여 적용하는 것이 중요하다. 교육과정은 바로 교육목적이 설정되고 그것을 달성하기 위하여 조작하는 교육의 전체적인 기획이다.

교육과정은 영어로 커리큘럼curriculum이라고 한다. 그것은 라틴어의 쿠레레currere, 즉 '뛴다'라는 의미에서 온 말이다. 커리큘럼은 크게 두 가지 의미를 지니고 있다. 하나는 경기장에서의 '경주로' 또는 '달리는 코스[race course]'를 의미한다. 이 말이 교육학에서 '학생이 일정한 목표를 향해 학습해 가는 과정'으로 사용하게 되었다. 다른 하나는 '경주 그 자체'를 의미한다. 교육적으로 환언하면, '학습 그 자체' 또는 '학습내용'이다. 어원으로 볼 때, 교육과정은 학생이 배움터에 들어와서 나갈 때까지 일정한 목표를 향해 학습해 가는 코스인 동시에 학습내용 그 자체이다. 그런데 학습의 코스는 내용에서 순서와 배열이 있다. 따라서 교육과정은 일정한 순서로 배열된 학습의 코스와 학습내용이다.

그러나 교육과정은 실제로는 매우 넓은 의미로 사용되고 있다. 학자에 따라, 시대와 장소에 따라 다르게 표현되고, 특히 교육목적에 따라 다르게 해석된다. '교과의 내용조직', '교과의 배열', '생활경험과 활동의 전체' 또는 '탐구학습의 내용조직'이라고 보는 견해도 있다.

이러한 내용을 종합해 보면, 교육과정은 크게 두 가지로 생각할 수 있다. 하나는 '학교의 지도 아래 이루어지는 교과학습의 영역'이고, 다른 하나는 '학교의 지도 아래 이루어지는 교과학습 및 생활영역의 총체'이다. 후자의 경우, 학생의 모든 생활경험을 포괄해서 보다 넓은 뜻으로 이해한다. 다시 말하면, 하나는 교과의 체계를 존중하는 것이고, 다른 하나는 교과와 더불어 생활경험까지 포괄적으로 다루는 경우이다. 엄밀히 규정하면 전자는 '교과과정'이고, 후자는 '교육과정'이다.

일반적으로 교육학에서 인식하는 교육과정의 의미는, 후자의 입장을 취한다. 즉 학교의 교육목적을 달성하기 위하여 선택한 문화 또는 생활경험을 교육적 관점에서 편성하고, 학습활동이 언제, 어디서, 어떻게 행해질 것인가를 종합적으로 묶은 교육의 전체 기획이다. 이렇게 볼 때, 교육과정은 학교가 학생을 위하여 선택한 교육적인 경험을 준비하여 그들의 성장발달을 도와주고, 학습에 의한 행동의 변화를 초래하게 하는 자료이다. 요컨대, 교육과정은 교육이 목표하는 '인간'을 길러내는 데 기여하는 학교와 교사들의 총체적인 노력이며 계획이다.

### 2) 생활지도

생활지도는 교육에서 매우 중요한 부분이다. 어떤 측면에서는 본질적 기능일 수도 있다. 어원을 보면 영어의 가이던스guidance의 번역 술어이다. 가이던스의 동사형인 가이드guide는 '안내하다, 이끌어주다, 지도하다, 숙고하다' 등의 뜻이 들어 있다. 과거에는 교도敎導, 지도指導, 향도嚮導라는 용어로 쓰기도 했다.

생활지도의 의미도 학자에 따라 다양하게 정의된다. '학생이 어떤 사태에 직면하였을 때 자기 스스로 현명하게 선택하고 적응하고 이해할 수 있도록 지도와 조언을 해주는 일', '개인에게 주어지는 조력助力으로 개인이 모든 활동에서 만족을 얻을 수 있도록, 그리고 그에게 필요한 어떠한 적응, 부적응에도 자기를 도울 수 있도록 해주는 일', '개개인의 아동이 개인으로서, 사회의 성인으로서 자기의 능력을 최대한으로 발휘하여 자기 완성을 할 수 있도록 돕는 것', '조화된 성장발달을 조장하는 지도활동', 유능한 성숙자에 의하여 미성숙한 아동에게 주어지는 모든 면의 도움[assistance]', '개인이 행동을 변화하는 데 도움이 될 목적을 가진 일련의 개인적인 접촉' 등 여러 가지 견해가 있다. 여기서 공통점은 '개인'이 관심의 대상이라는 것, 그리고 '조력'을 제공한다는 것, 자기 자신과 현실 환경에 대한 이해를 돕는다는 것, 의도적인 지도활동이라는 것이다. 다시 정리하면 다음과 같다.

첫째 생활지도는 개인이 관심의 대상이 되는데, 개인은 학교의 학생을 뜻하며, 보다 구체적으로는 정상적인 발달과정에 있는 학생을 의미한다. 그러므로 생활지도에서는 전체보다는 개인이 1차적 관심의 대상이 된다.

둘째 생활지도는 자기 자신과 현실 환경의 이해를 돕는 활동이다. 이것은 개인에게 자기 자신에 대한 객관적 이해를 통해 자기 정체감을 확립하고, 자기 자신을 둘러싸고 있는 환경조건에 대한 현실적인 이해를 하도록 돕는다.

셋째 생활지도는 조력을 제공하는 일이다. 발달상의 문제에 직면했을 때 그 문제를 해결해야 할 주체는 본인이다. 그러므로 생활지도는 전문적인 조력을 제공하는 것일 뿐이다. 결국 개인으로서 학생은 자율적인 문제해결을 통하여 자기 지도력을 함양해야 한다.

넷째 생활지도는 의도적인 지도활동이다. 학교교육에서 생활지도는 교과지도와 병행하는 비교과적 활동이지만 분명한 의도를 갖고 조직적으로 진행되는 교육활동이다.

이렇게 볼 때, 생활지도를 소수의 문제학생을 지도하는 방법으로 생각해서는 안 된다. 또한 특별한 사건이 있을 때 그것을 해결하기 위한 수단으로 인식해서도 안 된다. 생활지도는 모든 학생들의 성장·발달을 촉진하여 자아실현을 할 수 있도록 하는 데 기여한다. 따라서 일상적인 학교생활에서 늘 이루어져야 하는 중요한 교육활동이다.

### 3) 학습지도

배우는 일과 가르치는 일은 교육의 핵심이다. 따라서 교육자와 학습자는 자신이 종사하는 가르치는 일과 배우는 일의 본질을 알고 교육에 임할 필요가 있다. 학습에 대한 이론은 다양하다. '행동의 변용', '자극과 반응의 결합', 그리고 '장의 재체제화' 등 이론적 배경과 정의에 따라 다양한 견해가 존재한다.

첫째 학습을 '행동의 변용'이라고 주장하는 학자들의 견해는 다음과 같다.

- 학습은 일정한 활동, 훈련, 관찰 등의 결과, 즉 일정한 경험에 의해 행동이 다소 영속적 · 진보적인 변용을 하는 것이다(H. L. Munn).
- 학습은 경험과 훈련에 의한 행동의 진보적 변용이다(T. R. Mcconnell).
- 학습은 행동의 변화이다(R. S. Woodworth).
- 학습은 동일한 자극장면의 반복에 의하여 행동이 점진적 변화 또는 진보적 경향을 나타내는 것이다(W. S. Hunter).
- 학습은 계속 행해지는 활동 중 뒤의 활동이 앞의 활동보다 개체에게 유익하게 되는 변화이다(C. Humphrey).
- 학습은 행동의 진보적인 적응과정이다(B. F. Skinner).
- 학습은 경험의 결과로 행동에 어떤 변화가 일어난 것이다(L. J. Cronbach).

둘째 학습을 자극과 반응의 결합으로 보는 학자들이 있다.

- 학습은 심리적 기능이 연습에 의해서 결합[connection]되는 것이다(E. L. Thorndike).
- 학습은 자극과 반응의 새로운 결합 · 형성 과정이다(E. R. Guthrie & C. L. Hull).

셋째 학습을 장의 재체제화[Reorgamization]로 보는 견해가 있다.

- 학습은 지각과정과 그 흔적이 복잡한 구조 속에서 재체제화되는 지각적 재체제화이다(W. Kohler; K. Koffka).
- 학습은 장의 인지구조의 변화이다(K. Lewin).
- 학습은 기호[sign]-형성[gestalt]-기대[expectation]의 형성, 혹은 기호[sign]-의미관계[signification relation]의 형성으로, 어떤 것이 어떤 것으로 이끌어가는가 하는 행동의 통로를 배우는 것이다(E. C. Tolman).

어떤 정의이든지 간에 학습은 '인간행위의 변화'를 전제로 한다. 인간과 환경 · 생활의 상호작용으로 인해 새로운 관련이 생기고, 이에 따라 주체인 인간은 행동의 변화를 하게 된다. 따라서 행동변화의 결과는 새로운 행동을 획득함과 동시에 정신구조의 변화와 인간기능의 변화를 가져오게 된다. 이와 같이 학습은 교사의 지도 또는 학습자 자신이 환경과의 작용에 의해 새로운 지식이나 기능 · 행동을 습득하고 보유하며, 장래 생활에 활용할 수 있도록 전체적으로 행동이 변화되어 가는 과정이다.

교수[teaching]는 가르치는 일이다. 이와 유사한 개념에는 수업

[instruction], 학습지도[guidance of learning process]가 있다. 이들 개념은 주체의 활동에 따라 뉘앙스를 달리 하는데, 교수와 수업은 교사활동, 학습지도는 학습자의 활동, 교수-학습 과정은 교사와 학생의 상호작용 과정을 강조하는 것으로 볼 수 있다.

전통교육에서는 교사가 중심이 되어 지식 위주의 주입식 방법이 많이 사용되었다. 이 때 교수라는 말을 쓴다. 학습지도는 학습자의 능동적인 학습활동과 학습자의 개인차를 강조하는 보다 새롭고 민주적인 교육이 방법적으로 발전하면서부터 많이 사용하게 되었다. 그러나 1960년대 이후 효과적이고 과학적인 교육방법을 모색하려는 다양한 교수이론이 대두되면서 현대적 교수의 개념을 나타내는 말로 교수-학습 과정 또는 수업이라는 말을 많이 사용하고 있다.

수업은 학교에서 일정한 목표를 설정하고, 교육내용과 방법에 대한 계획을 세우고, 그러한 계획의 일부분으로서의 목표를 달성하기 위하여 일정한 시간에 실시하는 교수-학습 활동이다. 그것은 개인에게 특정한 조건 하에서 또는 특정한 상황에 대한 반응으로서 특정한 행동을 나타내도록 학습하게 하거나, 특정한 행동에 참여할 수 있도록 개인을 둘러싼 환경을 계획적으로 조작하는 과정이다.

가네(R. M. Gagne)의 경우, “수업이란 학습이 일어나도록 학습자의 내적 및 외적 조건을 체계적으로 조정하는 것”으로 보아, 학습자를 둘러싸고 있는 외적 조건만이 아니라 학습자가 지니고 있는 내적 조건, 즉 주의집중, 동기, 선수학습 등까지도 계획적으로 조정해야 함을 강조하고 있다.

### ❤참고자료 16 : 전통교육에서 학습지도의 원리

**갱신고**更辛苦

글은 짧고 간단한 아이들 수준에서 알 만한 것을 제공해야 한다. 그리고 반드시 스스로 풀게 하되 급히 풀게 하지 않는다. 제대로 이해하지 못하고 제대로 맞추지 못하면 다시 풀게 한다. 그래도 다시 이해하지 못하면 반복해서 풀게 한다. 두 번 세 번 이해하고 풀어보면 통하지 않는 아이가 없게 된다. 이와 같이 하여 점차로 익혀 가면 글을 이해하고 푸는 방법을 알게 될 것이다. 글을 이해하고 풀어나갈 때 반드시 글의 양을 줄여야 한다. 어떤 아이가 다섯 줄 정도의 글을 제공했을 때 그것을 감당할 수 있다면, 처음에는 그보다 적은 세 줄 정도 제공하고, 점차로 열 줄 이상 이해할 수 있도록 차근차근 나아가게 해야 한다.

내일 배울 내용은 먼저 살피게 하고, 아이들 수준에 맞는 글을 정하여 통달한 후에 교육을 받게 한다. 배우기를 싫어하거나 생각하지 않는 아이는 잘 다독거리며 충고하여 반드시 스스로 힘쓰게 해야 한다.

이렇게 하면 정말 앞뒤가 꽉 막힌 어리석고 미련한 아이는 어쩔 수 없겠지만, 보통 아이의 경우, 얼마 지나지 않아 배운 내용을 통달하게 될 것이다.

**순승척**循繩尺

반드시 정확하게 이해한 후에 가르친다.

배운 내용을 제대로 통달하지 못했다면 다시 공부하게 하여 다음 날까지 알게 한다.

그래도 통하지 않은 아이는 반드시 그에 상응하는 충고를 하되 미봉책을 써서는 안 된다.

배운 내용을 시험할 때는 그 의미를 제대로 이해했는지 확인하되, 글을 보지 않고 직접 말하게 한다.

배울 때는 자세를 반듯하게 하고, 글자를 또박또박 짚어가며 이해한다.

하루에 공부할 분량을 정하고, 한 번에 공부할 분량도 정하여 이를 어기는 아이는 그에 상응하는 대가를 치르게 한다. 예를 들어 100쪽을 읽겠다고 스스로 정했다면 100쪽을 읽어야 한다. 100쪽을 못 읽어서도 안 되고 100쪽을 넘어서도 곤란하다. 왜냐하면 한 번 정한 한도를 초과하거나 미달하면 스스로의 약속을 깨는 결과를 가져오기 때문이다.

–『峿堂集』 "發蒙正軌"에서

요컨대, 교수활동을 핵심으로 하는 학습지도는 학습자가 특정한 학습목표를 달성할 수 있도록 학습자의 내적 · 외적 환경을 계획적 · 체계적으로 조정하는 과정이다.

### 4) 교육평가

인간의 모든 활동은 평가를 통해 더욱 승화한다. 교육도 마찬가지이다. 교육평가는 교육활동이 얼마나 잘 이루어졌는지를 점검하는 작업이다. 교육활동은 평가자가 어떠한 교육관을 갖고 있느냐, 교육을 정의하는 방식, 즉 인간의 행동변화를 어떻게 바라보느냐에 따라 달라질 수 있다. 뿐만 아니라, 평가결과를 활용하는 구체적인 방법도 다르게 전개될 수 있다.

예를 들면, 인간을 이해할 때 '인간의 본성은 악하다'는 관점에 서 있는 사람들은 인간을 가르칠 때, 훈육과 체벌이 필요하다고 볼 것이다. 이와는 반대로 '인간의 본성은 선하다'라고 보는 사람들은 인간을 인위적으로 가르치기보다는 인간의 타고난 천성을 계발하는 작업을 교육의 과업으로 삼을 것이다. 또는 이러한 두 가지 견해 이외에 인간의 본성을 중립적인 입장에서 볼 경우도 있다. 로크의 주장처럼 인간이 백지상태로 태어나 자신이 경험한 흔적에 의해 선해질 수도 악해질 수도 있다. 성악설에 근거한 교육관은 인간을 악에서 구원하기 위한 것이며, 성선설에 근거한 교육관은 인간의 천성을 계발하기 위한 것이고, 중립설에 근거한 교육관은 교육의 의도성과 계획성을 점검하는 활동으로 볼 수 있다. 교육관은 교육활동을 평가하기 위한 전체적인 윤곽과 방향을 시사해 준다. 그렇다면 교육평가는 어떤 역할을 하는가?

첫째 교육평가는 학습자의 학습결과에 대한 성공과 실패를 구분해 준다. 시험을 본 결과는 대부분 학습진단을 판정하거나 분류하거나 유목화하거나 선별하는 자료로 이용된다. 이 때 나름대로의 기준이 요구된다. 예컨대 '수 · 우 · 미 · 양 · 가'라는 등급에서 90점 이상은 '수', 60점 '가'라고 정해놓은 것이 이에 해당한다. 즉 학습자는 평가를 통해 자신이 성공했는지 실패했는지 가늠할 수 있다.

둘째 교육평가는 교수와 학습여건을 개선하기 위한 정보 · 탐색에 이용된다. 예를 들어, 학생들이 시험을 치른 후에 성적이 좋지 않을 경우, 그 이유는 여러 가지일 수 있다. 학생들이 공부를 하지 않았거나, 교수자가 잘못 가르쳤거나, 시험문제를 잘못 제시했을 수도 있다. 이러한 세 가지 상황은 모두 시험결과가 교육의 질을 개선하기 위한 정보로 활용될 수 있음을 보여준다.

셋째 교육평가는 학생의 학습을 촉진할 수 있는 교육체제 정비에 도움을 준다. 예컨대, 학교 간 · 지역 간 학력 비교검사를 실시한 후에, 시험결과에 따라 학습자들이 속한 교육체제를 정비할 수 있다. 수업장학을 통해 바람직한 교육체제를 수립하는 데 이바지할 수 있다.

넷째 교육평가는 학습의 효율성을 점검하여 프로그램의 질을 향상시킨다. 학교교육 프로그램을 평가하는 기준은 교육현장에서의 실현가능성을 점검하는 것이어야 한다. 아무리 좋은 교육 프로그램이라 할지라도 교육현장에서 실현 가능성이 없으면 무용지물이다. 이 때 고려해야 할 것은 교육 프로그램의 효율성과 동시에, 학교교육의 정상화에 교육 프로그램이 얼마나 이바지할 수 있는지 검토되어야 한다.

**❤참고자료 17 : 전통교육에서 평가의 양식**

조선시대 성균관 유생들의 평가 방법은 아래와 같은 기준에서 이루어졌다.

| 수 준 | 내 용 | 비 고 |
|---|---|---|
| 대통大通 | 강경講經·구두句讀가 자세하고 분명하며 의론이 정통하고 활달하여 한 책의 강령과 뜻을 모두 포괄하여 종횡으로 여러 책을 넘나들면서 융회 관통하여 완전한 경지에 도달했을 때 : 현재 대학의 학점에 비유하면 A학점 정도 | A |
| 통通 | 비록 완전히 다하는 경지에 이르지 못하였어도 구두가 자세하고 밝으며 의논이 정통하고 활달하여 한 책의 강령과 의미를 모두 포괄하여 융회 관통했을 때 : B학점 정도 | B |
| 약통略通 | 비록 융회 관통함에 이르지는 못하였더라도 구두가 자세하고 밝으며 해석한 뜻이 정통하고 활달하여 위와 연결되고 아래와 접하여 한 장의 큰 뜻을 얻었을 때 : C학점 정도 | C |
| 조통粗通 | 구두가 자세하고 명백하며 해석한 뜻을 분명히 깨달아서 한 장의 큰 뜻을 얻었지만 의논이 다하지 못함이 있을 때 : D학점 정도 | D |
| 불통不通 | 위의 수준 이하는 벌함 : F학점이나 낙제 | F |

## 생각해 볼 문제

01 교육학의 학문적 성격에 비추어 볼 때, 교육현장에서 교육학 이론이 어느 정도 유용할 것인지, 자신의 생각을 제시하시오.

02 교사가 교육현장에서 교육을 할 때, 생활지도와 학습지도의 중요성을 어떻게 이해할지 설명하고, 내가 교사라면 어디에 어느 정도의 비중을 두고 교육할 것인지 논의하시오.

03 내가 교사라면, 어떤 평가방법을 동원하여 평가할 것인지 자신의 전공과목을 예로 들어 설명하시오.

# 참고문헌

『論語』

『孟子』

『易經』

『禮記』

『管子』

『烈女傳』

「師說」

『三國史記』

『三國遺事』

『擊蒙要訣』

『學校模範』

『士小節』

『與猶堂全書』

『唔堂集』

강선보(2001). "21세기 대학교육의 이념과 방향". 김호진 편. 지식혁명 시대의 교육과 대학. 서울: 박영사.

______(2003). 만남의 교육철학. 서울: 원미사.

강선보 · 장지원(2006). "공자와 플라톤의 교육목적론 비교 연구". 동양고전학회. 동양고전연구 제26집.

강창동(2003). 지식기반사회와 학교지식. 서울: 문음사.

고경화(2001). "로크" 연세대학교 교육철학회 편. 위대한교육사상가들

Ⅱ. 서울: 교육과학사.

高樹藩(1974). 正中形音義綜合大字典. 臺北: 正中書局.

고요한(1989). 교육의 수월성과 평등. 서울: 학민사.

곽삼근(2006). "인적자원개발에 대한 사회철학적 논의-한나 아렌트의 행위하는 인간의 관점에서". 한국평생교육학회. 평생교육학연구 12-2.

권대봉(1996). 평생학습 사회교육. 서울: 학지사.

______(1998). 산업교육론. 서울: 문음사.

______(2001a). 평생교육의 다섯마당. 서울: 학지사.

______(2001b). 직업준비교육과 직장계속교육. 서울: 학지사.

권대봉 · 현영섭(2003). "전략적 인적자원개발의 개념과 특성에 기반한 이론적 틀". 한국인력개발학회. 인력개발연구 5-1.

金道泰(1928). "上古에 人材登庸하던 이야기". 한빛 4-5.

______(1928). "우리 朝鮮의 人材登庸하던 이야기". 한빛 2(2).

金宗西 외(1987). 平生教育原論. 서울: 교육과학사.

김경동 외(1997). 한국교육의 신세기적 구상 : 2000년대 한국교육의 방향과 과제. 서울: 한국교육개발원.

김경태(1996). "다산 인성론의 교육적 의미". 한양대 박사논문.

김귀성 · 노상우(2001). 현대교육사상. 서울: 학지사.

김기두(1959). "국가고시와 인재-현행고등고시에 대한 비판". 法政 14(10).

김병옥(1986). 칸트 교육사상 연구. 서울: 집문당.

김영래(2003). 칸트의 교육이론. 서울: 학지사.

김용기(1963). "인재개발과 교육투자-교육투자론의 입장에서". 교육평론 53. 서울: 교육평론사.

______(1965). "인재개발을 위한 현대교육의 동향". 한국교육학회. 교

육학연구 3.
김용완(1977). "才보다 誠의 人材를". 월간중앙 107.
김용헌(1998). 사회교육과 열린 평생학습. 서울: 독자와 함께.
김은우(1982). "인재양성론". 광장 108.
김정원(2006). "인적자원개발의 재조명: 개념적 접근". 한국인적자원관리학회. 인적자원관리연구 13-3.
김정환(1988). 전인교육론. 서울: 세영사.
김정환 · 강선보(1998). 교육철학. 서울: 박영사.
_____________(2005). 교육학개론. 서울: 박영사.
김진모(2001). "21세기 인적자원개발의 목적, 개념, 역할 및 역량에 관한 연구". 한국농촌지도학회. 한국농촌지도학회지 8-2.
김진형(1977). "人材란 피어나는 것". 월간중앙 107.
김창환(2004). "헤르바르트" 연세대학교 교육철학회 편. 위대한교육사상가들 III. 서울: 교육과학사.
김효근(1999). 신지식인. 서울: 매일경제신문사.
노진호(2001). "정보화사회에서의 지식과 교육". 교육철학회, 교육철학 25집.
뒤르껭(1978). 이종각 역. 교육과 사회학. 서울: 박영사.
마이클 마퀴드 · 엥거스레널즈(1994). 송경근 옮김. 글로벌 학습조직. 서울: 한언.
목영해(1994). 후현대주의 교육학. 서울: 교육과학사.
문교부(1988). 문교 40년사.
박영환(1996). 인간과 교육. 서울: 형설출판사.
박호근(2000). "한국 교육정책과 그 유형에 관한 연구; 1945~1979". 고려대학교 박사학위논문.
서울대학교 교육연구소(1998). 교육학대백과사전. 서울: 하우동설.

徐厚道(2003). 教育學通論. 北京: 北京工業大學出版社.

성기산(2005). 서양교육사연구. 서울: 문음사.

世界哲學大事典편찬위원회(1972). 世界哲學大事典. 서울: 성균서관.

손인수(1987). 교육사 교육철학 연구. 서울: 문음사.

송영수(2002). "기업의 인재육성 추세와 방향". 임금연구 겨울호.

______(2007). "국내 대기업 인적자원개발 동향". 한국교육정보미디어학회. 교육정보미디어연구 13-2.

신창호(2003). "교육이념으로서 홍익인간에 대한 비판적 검토". 안암교육학회. 한국교육학연구 9-2.

______(2004). 공부 그 삶의 여정. 고양: 서현사.

______(2005). 교육학개설. 고양: 서현사.

______(2005). 인간 왜 가르치고 배우는가. 서울: 서현사.

______(2006). "공자의 성인교육론". 경희대학교 교육발전연구원. 교육발전연구 제21집 1호.

______(2008). "한국의 인재교육과 인재 정책". 한국교육개발원. 세계의 인재교육과 인재정책 포럼 자료집.

엄태동 외(2000). 교육학에의 초대. 서울: 원미사.

오인탁(2001). 파이데이아. 서울: 학지사.

오천석(1973). 발전한국의 교육이념 탐구. 서울: 배영사.

오철구(1967). "인재부족을 어떻게 타개할 것인가". 현대경영 2(6).

오춘희(2001). "코메니우스". 연세대학교 교육철학회 편. 위대한교육사상가들 Ⅱ. 서울: 교육과학사.

유네스코 21세기 세계교육위원회 편(1997). 21세기 교육을 위한 새로운 관점과 전망. 서울: 오름.

유현숙 외(1999). 지식기반사회에서의 학교교육 정책 방향과 과제. 서울: 한국교육개발원.

윤종록(1998). “21세기형 인재육성에 관한 연구”. 지역개발연구 99.

이계학(1994). “연구문제.” 이계학 외. 한국인의 전통가정교육사상. 성남: 한국정신문화연구원.

이규호(1977). 교육과 사상. 서울: 배영사.

이만규(1947). 조선교육사. 서울: 을유문화사.

______(1994). 가정독본. 서울: 창작과 비평사.

이문원(2002). 한국의 교육사상가. 서울: 문음사.

이상희(1997). “정보화시대 학교와 교사의 역할”. 크리스챤 아카데미 편. 정보화시대 교육의 선택. 서울: 대화출판사.

이옥화(1996). “정보사회의 학교교육”. 정보사회와 윤리. 서울: 아산사회복지사업재단.

이종태 외(2000). 한국교육 위기의 실태와 원인 분석. 서울: 한국교육개발원.

이형행(1993). 교육학개론. 서울: 양서원.

이홍우(1991). 교육의 개념. 서울: 문음사.

임태평(2000). 플라톤 철학과 교육. 서울: 교육과학사.

장병한(2003). “『論語』의 教學思想”. 김영호 외. 논어의 종합적 고찰. 서울: 심산.

정광원(1999). “가정 사회와 인적자원개발에 관한 연구”. 상명대 사회과학연구소. 사회과학연구 12권.

정동준(1981). “인재개발의 문제점-유능한 관리자와 기술자의 조건은”. 기업경영 283.

정범모(1994). 교육과 교육학. 서울: 배영사.

정순목 · 김인회(1982). 교육이란 무엇인가. 서울: 대은출판사.

정영근(1999). 교육과 인간의 이해. 서울: 문음사.

정우현(1988). 교사론. 서울: 배영사.

정혜영(2004). “피히테” 연세대학교 교육철학회 편. 위대한교육사상가들

Ⅲ. 서울: 교육과학사.
조경원(2007). "한국 여성교육이념의 역사적 접근". 김재인 외. 여성교육개론. 서울: 교육과학사.
주삼환(2000). 지식정보화 사회의 교육과 행정. 서울: 학지사.
조용개(2008). 생태학적 삶을 위한 환경윤리와 교육. 파주: 한국학술정보.
陳大齊(1996). 안종수 옮김. 공자의 학설. 서울: 이론과 실천.
천 웨이핑(2002). 신창호 옮김. 공자평전. 서울: 미다스북스.
최영섭(2005). "산업별 인적자원개발-새로운 인적자원개발 접근의 모색". 한국노동연구원. 노동리뷰 2005-11.
톨스토이(1964). 김병철 역. 교육론. 서울: 을유문화사.
________(2005). 채수동 · 고산 옮김. 인생이란 무엇인가. 서울: 동서문화사.
피히테(1982). 강두식 역. 독일국민에게 고한다. 서울: 문공사.
한국교원단체총연합회(1991). 교권사건판례집. 서울: 한국교원단체총연합회.
__________________(1997). 교원의 사회적 · 경제적 지위에 관한 교원 인식 조사. 서울: 한국교원단체총연합회.
한국교육개발원(2008). 세계의 인재교육과 인재정책 포럼 자료집.
한국능률협회(1989). "홀로서기 시대의 인재육성". 현대경영. 271.
한국인력개발학회(1999). 인력개발연구 1-1.
한글학회(1992). 우리말큰사전 4 옛말과 이두. 서울: 어문각.
한백재단(1996). "인간의 얼굴을 한 정보사회". 포럼 21 1996 여름.
한스 쇼이얼(1993). 이종서 · 정영근 · 정영수 옮김. 교육학의 학문적 성격. 서울: 양서원.
홍후조(2002). 교육과정의 이해와 개발. 서울: 문음사.
A. N. Whitehead(2004). 오영환 옮김. 교육의 목적. 서울: 궁리.
E. Fromm(1986). 박병진 옮김. 소유냐 존재냐. 서울: 육문사.

F. Fukuyama(1995). 이상훈 옮김. 역사의 종말. 서울: 한마음사.

J. A. Banks(2008). 모경환 외 역. 다문화교육 입문. 서울: 아카데미프레스.

J. A. Comenius(1998). 김은권 · 이경영 편역. 세계도회. 서울: 교육과학사.

J. Dewey(1981). 이인기 역. 학교와 사회. 서울: 박영사.

J. E. Herbart(1988). 이근엽 역. 일반교육학. 서울: 연세대출판부.

I. Kant(2003) 김영래 옮김. 교육학강의. 서울: 학지사.

L. C. Throw(2000). 한기찬 옮김. 지식의 지배. 서울: 생각의 나무.

P. F. Drucker(1999). 이경영 옮김. 지식경영. 서울: 한국경제신문.

__________(2002). 이재규 옮김. *Next society*. 서울: 한국경제신문.

P. H. Phenix(1958). *Philosophy of Education*. New York: Holt, Rinehart and Winston.

R. M. Huntchins(1996). 조희성 옮김. 대학이란 무엇이며, 무엇을 위한 대학교육인가? 서울: 학지사.

R. S. Peters(1994). 이홍우 역. 윤리학과 교육. 서울: 교육과학사.

UNESCO(1947). *Fundamental Education*. N.Y: Macmillam Co.

중앙일보(2000. 06. 07).

# 찾아보기

## 인명색인

## 일반색인

**공저자소개**

**강선보(姜善甫)**

고려대학교 교육학 박사[Ph. D]
고려대학교 교육학과 교수[교육철학]
고려대학교 사범대학장 겸 교육대학원장

주요저서 마르틴 부버의 만남의 교육철학(저서) / 교육의 역사와 철학(공저) / 전인교육의 이론과 실제(공역) 외 다수

**신창호(申昌鎬)**

고려대학교 교육학 박사[Ph. D]
고려대학교 교육학과 교수[한국교육철학]

주요저서 공부 그 삶의 여정(저서) / 수기 유가교육철학의 핵심(저서) / 한국사상과 교육윤리(공저) 외 다수

저 자
인 지

**교육의 이해**

2009년 2월 25일 초판 1쇄 발행
2012년 2월 25일 초판 2쇄 발행

공저자 / 강선보 · 신창호
발행인 / 이 중 수
발행처 / 동 문 사

서울특별시 서대문구 홍제동 137-8
Tel : (02) 736-3718(대), 736-3710, 3720
Fax : (02) 736-3719
등록번호 : 제9-17호
가격 : 13,000원

ISBN : 978-89-8251-354-1(93370)
E-mail : dms736@korea.com
www.dongmunsa.com